Timm Schröder
Günter Mattei

Der kleine Reisebegleiter

Timm Schröder
Günter Mattei

Der kleine Reisebegleiter

40 unverzichtbare Weisheiten für unterwegs

KNESEBECK

Die Themen von A–Z

A

Der Erfinder der Flip-Flops war nicht nur Komponist, sondern auch einer der besten Salsatänzer seiner Zeit. Im Archiv des Schuhherstellers finden sich nur rudimentäre Informationen zu ihm, und nicht mal sein Name ist überliefert. Seinen Anstellungsvertrag unterschrieb er schlicht mit A. Über As Privatleben ist ebenso wenig bekannt. Manche erzählen, er habe in São Paulo in einem Villenviertel gelebt, wieder andere wollen das Klacken seiner Tanzschuhe spätnachts in einer Wellblechhütte am Hang des Morro dos Cabritos gehört haben. Das einzige offizielle Dokument, das von A blieb, ist die Urkunde der Salsa-Weltmeisterschaft 1957 in Buenos Aires, ein goldumrandetes A4-Blatt aus Büttenpapier, auf dem der Name der Tanzpartnerin Elena Diaz und wieder nur ein A vermerkt sind.

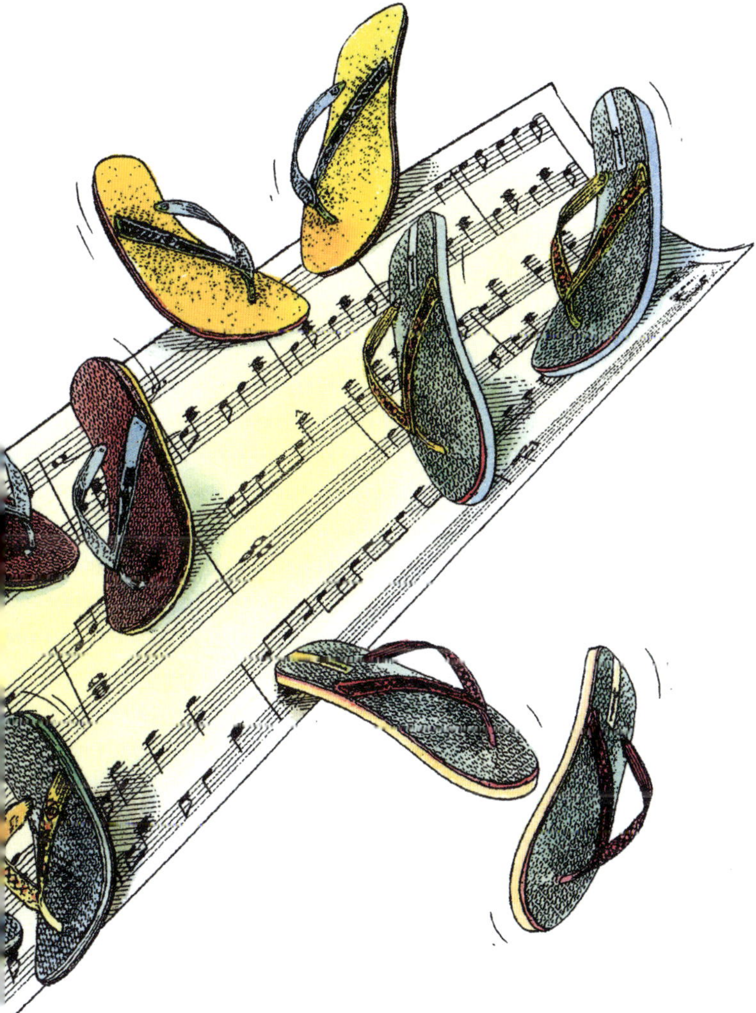

Des Weiteren finden sich Originale von As Kompositionen im Archiv der Nationalbibliothek in Brasilia. Auf den Notenblättern, die aus Schulheften herausgerissen, mit Bleistift liniert und schwarzem Kugelschreiber beschrieben sind, sind Volkslieder ebenso wie kirchliche Choräle und dazu 14 Symphonien für großes Orchester mit einer Gesamtlaufzeit von 37 Stunden notiert. Keine davon wurde jemals aufgeführt.

Da A weder vom Salsa noch von der Musik leben konnte, erwarb er in den Jahren 1961 bis 1965 ein Diplom zum Kunststofftechniker vom Instituto Politécnico do Rio de Janeiro. Schon bald wurde er von einem bekannten Schuhhersteller engagiert, der eine Kautschuksandale produzieren wollte. Seine Frau hatte ihn auf die Idee dazu gebracht, und obwohl er das Unterfangen für aussichtslos hielt, verfolgte er das Projekt um des lieben Friedens willen.

Die Idee zum Flip-Flop kam A bei seiner mittäglichen Schwimmrunde. Nach einer durchtanzten Nacht ging er oft gegen Mittag ins lokale Freibad, das er aufgrund der besseren Wasserqualität dem Meer vorzog. Dort machte er 1966 die Bekanntschaft mit einem Schwimmbrett, das es ihm ermöglichte, sich ganz auf die Beine zu konzentrieren. In der Prototypenwerkstatt des Schuhherstellers sägte er daraus zwei Sohlen. Er befestigte eine Bastkordel über den Zehen und ging damit dreimal um die Werkstatt. Die Sandalen waren bequem. Nur der Sound erschien ihm – er hatte damals gerade die sechste Symphonie abgeschlossen – nicht richtig.

Mit einem Hobel nahm er vorsichtig eine Schicht des porösen Kunststoffs ab und ging wieder drei Runden. Besser. Auch nach der nächsten Verdünnung der Sohle erschien ihm das Geräusch noch immer zu dumpf. Er hobelte und hobelte und hobelte. Erst um drei Uhr morgens, als nur noch im Wachhäuschen am Parkplatz Licht schien, erreichte er das typische *Flip-Flop*.

Betonburgen

Die Betonburg möchte, wenn sie mal alt ist, gerne ein Altenheim werden. Sie weiß schon, dass das nicht besonders originell ist. Aber Originalität ist eben keine Charaktereigenschaft von Betonburgen.

Wen sollte es da wundern, dass sie mit ihrem Namen hadert? Beton, gut. Aber Burg? Da denken die Leute an König Ludwig II., an den 500-Mark-Schein, die deutsche Revolution von 1848/49. Die Betonburg sieht sich da eher nicht. Sie hat keine Zinnen, keine Türme und keine schweren Tore. Stell sich mal einer vor, die Gäste müssten jedes Mal mithilfe eines Türklopfers aus Messing um Einlass bitten. Der Krach wäre unerträglich. Deshalb hat die Betonburg eine Automatiktür.

Aber zurück zum Altenheim. Auch das ist eines dieser pragmatischen Vorhaben, wie man sie nur von einer Betonburg kennt. Alle Etagen sind per Lift auch für Rollstuhlfahrer erreichbar. Es gibt schon Telefone auf jedem Zimmer, und jeder Senior hätte sein eigenes Bad. Und erst die Aussicht!

Nur ihr hat es die Betonburg zu verdanken, dass sie überhaupt existiert. Der Blick auf das Meer und den Strand davor ist die Daseinsberechtigung der Betonburg. Sie hat sofort nach Inbetriebnahme gemerkt, dass es bei der Sache, die Menschen Urlaub nennen, nicht um sie geht. Die sind nicht wegen dem grauen Sichtbeton da, der sich nach dreißig Jahren an der Wand über der Wanne im Badezimmer zeigt. Wenn es sogenannte Katastrophentouristen wären ... Ihnen hätte die Betonburg eine Menge zu bieten. Das durchlöcherte Dach, den Fahrstuhl, für den zweimal in der Woche der Kundendienst kommen muss. Und erst die Risse in der Tiefgarage ...

Natürlich weiß die Betonburg um solcherlei Unzulänglichkeiten. Sie würde konstruktiv vorgehen. Wenn das Dach ohnehin gemacht werden muss, warum dann nicht gleich mit Solarpaneelen und einer Warmwasseranlage? Wenn nicht genug Geld für die Erneuerung der Fahrstühle da ist, wäre ein Treppenlift eine günstigere Option. Die Risse in der Tiefgarage? Strukturell sind die ungefährlich. Und ein paar Altersrisse würden doch gut zu einem Altenheim passen.

Aufmerksame Leser werden sich an dieser Stelle fragen, warum die Betonburg unbedingt ein Altenheim werden will. Das ist eine lange Geschichte. Sie beginnt im Jahre 1968, als neben der Betonburg eine zweite Betonburg hochgezogen wurde. Sie kamen gleich ins Gespräch. Über den Sand, der jeden Tag in sie hereingetragen wird. Über den Rohrbruch im Rekordwinter '76, in dem das Meer bis zur Nichtschwimmerboje zugefroren war.

Nach vielen Jahren nebeneinander wurde die Nachbarburg im vergangenen Winter abgerissen. Die Betonburg musste mit ansehen, wie die Abrissbirne unerbittlich zu Werke ging. Voller Wehmut erinnert sie sich an Tage voller Staub, der sich auf die Plane über dem Swimmingpool legte.

Seit sie all das aus nächster Nähe gesehen hat, ist sich die Betonburg sicher, dass sie zum Altenheim konvertieren möchte. Ob das jetzt originell ist oder nicht, ist der Betonburg wie gesagt egal.

Bikini

Nur die Mottenkugel weiß, was für eine empfindsame Seele der Bikini ist. Der Rest der Welt sieht den Bikini an und hält ihn für einen ausgesprochen harten Hund. Kein Wunder. Der Bikini versucht immer, sich von seiner besten Seite zu zeigen: salzwasserresistent, UV-Schutz, sonnencremefest. Dazu unempfindliche Gummis, die ihn lange Zeit in Form halten, trendige Farben, die selbst in der nächsten Saison noch nicht alt aussehen, geringes Packmaß, in heiß-schwülen Nächten auch einfach mit einem Rock kombinierbar. Das aber sind nur die Hard Facts. Darunter gibt es eine Seele, die sich lange mit Mottenkugeln unterhalten hat. Meistens lagen sie zusammen im Keller, manchmal auch in einer Schublade des Kleiderschranks. In den Sommermonaten ging der Bikini manchmal auf Reisen oder besuchte das Freibad. Sonst aber hatten sie viel Zeit zum Quatschen.

Im Gegensatz zu vielen anderen Kugeln ist die Mottenkugel eine sehr genügsame Kugel. Ihr ist die hinterste Ecke recht, gerne begraben unter Klamotten jeglicher Art, wobei sie Mohairwolle bevorzugt, möglichst weg vom Tageslicht. Sie nimmt ihren Job sehr ernst, so ernst, dass sie Tag und Nacht unablässig schuftet, auch dann, wenn gar keine Motten in der Nähe sind. Trotz dieser Arbeitsmoral bevorzugt es die Mottenkugel, im Hintergrund zu agieren.

Der Bikini dagegen liebt große Auftritte. Er ist es gewohnt, im Mittelpunkt zu stehen. Egal, ob an der Copacabana, den türkisblauen Stränden Sardiniens oder im Sand Thailands. Egal, wie unerbittlich die Lichtverhältnisse sind, und auch wenn die Sonne vom Himmel ballert. Der Bikini muss immer gut aussehen.

Die Mottenkugel kann sich ein solches Leben im Rampenlicht nur schwerlich vorstellen. Sie kennt nur das Dämmerlicht, das manchmal durch den Spalt zwischen den Türen fällt, oder das nackte Licht des Kellerabteils, in Streifen geschnitten durch die Drahteinfassung der Deckenlampe. Aber da die Mottenkugel neugierig ist, kommt sie irgendwann mit dem Bikini ins Gespräch. Man redet über den Mohairschal unter ihnen in der Schublade und die Luftverhältnisse. Schließlich aber will die Mottenkugel wissen, wie der Bikini mit dem Druck klarkommt.

Zuerst denkt der Bikini, dass die Kugel auf Druckstellen hinauswill. Das ist tatsächlich sein wunder Punkt. Die rote Stelle unter dem Verschluss des Tops. Der Bikini windet sich. Die Mottenkugel merkt sofort, dass sie einen Fehler gemacht hat. Themenwechsel: die Zukunft. Die Kugel erzählt, was das Schicksal noch für sie bereithält. Drei, vier Motten, das müsste schon noch drin sein, sie wird nicht nachlassen, auch in der nächsten Flugzeit der Motten wieder ihr Bestes zu geben.

Während die Mottenkugel erzählt, denkt der Bikini an seine Gummis, die schon ziemlich ausgeleiert sind. Dritte Saison. So langsam wird es Zeit für den Ruhestand. Nur weiß der Bikini nicht, ob er bei der Mottenkugel bleiben darf. Könnte auch sein, dass es der Altkleidercontainer wird. Der Bikini hat versucht sich einzureden, dass das nicht so schlimm wäre, dass das Leben weitergeht, vielleicht in der Sohle eines nachhaltigen Sneakers. Oder als Sitzbezug aus Rezyklaten in einem deutschen Mittelklassewagen.

Schlimmstenfalls wird es der Hausmüll. Für zwei Streifen Stoff mit ausgeleiertem Gummi fährt niemand zum Wertstoffhof.

Checklisten

Auch Checklisten würden gerne mal in Urlaub fahren. Meistens aber überleben sie den Abend vor der Abreise nicht. Da rollen die Koffer mit all dem, was auf der Checkliste stand, aus dem Haus. Die Checkliste selbst liegt schon im Abfalleimer.

[ ] *Boarding Pass*
[ ] *Mietwagenvoucher*
[ ] *Bestätigung Airbnb*

Ohne zu wissen, ob der Boarding Pass für den TGV nach Paris Gare de l'Est oder zum Flieger nach Guadeloupe führt, der Mietwagenvoucher für einen Kleinstwagen gilt oder für einen aus der Kompaktklasse – die Checkliste wäre einfach gerne dabei. Sie will nicht immer nur abgehakt werden.

[ ] *Flip-Flops*
[ ] *Bikini*
[ ] *Sonnencreme*

Bikini! Geht wohl eher nach Guadeloupe. Ist es da verwunderlich, dass das Herz der Checkliste höherschlägt? Sie würde ja auch im Hotel bleiben, als Lesezeichen im ungelesenen Roman von Mama. Allein die Reise! Die Checkliste hat noch nie einen Flughafen von innen gesehen. Sie kennt nur die Boarding Pässe, manchmal auch Bestätigungs-Mails von Airlines. Sie will auch nicht mit in die Kabine. Nein, ein Platz im Seitenfach des Koffers reicht.

[ ] *After Sun*
[ ] *Bademantel*
[ ] *Handtücher*

Nicht Handtuch! Mehrzahl! Vielleicht, malt sich die Checkliste aus, könnte sie ja vor der Abreise versehentlich in eines der aufgerollten Handtücher gesteckt werden und so doch noch mit zum Strand kommen. Einmal das Meer sehen! Die Seeluft riechen, vielleicht zur Hälfte im Sand verbuddelt werden. Und wenn die Sonne sinkt und das Buffet ruft, wird sie vielleicht am Strand vergessen. Eine Nacht in der Karibik.

Stattdessen kommt morgen um sieben die Müllabfuhr.

Durchsage

»Achtung, Achtung, dies ist eine Durchsage.«

Ich bin vor einem Monat sechs Jahre alt geworden. Sechs Jahre sind für eine Durchsage eine lange Zeit. Manche meiner Kollegen machen schon nach zwei Jahren schlapp, meistens wegen Depression. Die ganzen Sicherheitsdurchsagen. Bei der Monotonie muss man ja depressiv werden.

»Achtung, Achtung, dies ist wieder eine Durchsage: Lufthansa-Flug 377 nach Larnaka steht jetzt an Gate sechs zum Einsteigen bereit.«

Sorry, das war vorprogrammiert. In der Feriensaison muss ich so was sechsmal am Tag sagen. Ist es da zu viel verlangt, dass ich mal über etwas anderes reden will? Über die Taschendiebe vor Gate 16, die Passagiere auf dem freitäglichen Flug nach Ibiza oder die Kaffeepreise an Gate 14?

»Achtung, Achtung, hier ist noch mal die Durchsage. WE ARE PAGING PASSENGERS LIU SUN AND LIU MAI, PLEASE PROCEED TO GATE 15 FOR IMMEDIATE BOARDING!«

Liebe Fluggäste, ich würde mich freuen, wenn Sie sich ein wenig Zeit für mich nehmen würden. Vielleicht suchen Sie sich ein ruhiges Plätzchen. An Gate 14 sind noch viele Liegesessel frei. Ich mach's auch kurz: Nach sechs Jahren habe ich die Schnauze voll. Ständig Passengers pagen und dann die Nummer mit den Abfluggates.

»Achtung, Achtung, hier ist wieder die, na ja, Sie wissen schon.«

Sind Sie noch bei mir? Der nächste Flug geht erst in knapp einer Stunde von Gate neun. Kaufen Sie sich einen Kaffee. ABER NICHT AN GATE 14! Wo war ich stehen geblieben? Ach ja, die Arbeit. Hey, Sie da! Der an Gate vier mit dem Hawaiihemd! Stellen Sie sich vor, die Brünette auf dem Sessel neben Ihnen würde Sie zu einem Drink einladen und Ihre Antwort wäre: BITTE HALTEN SIE DEN BEREICH VOR DEN TOILETTEN AN GATE X FREI VON KOFFERN UND ANDEREM GEPÄCK!

»Achtung, Achtung, ich wieder!«

Verstehen Sie mich, liebe Fluggäste? Denken Sie ruhig ein wenig darüber nach, Flug 439 nach Palma de Mallorca kommt mit 20 Minuten Verspätung und steht heute an Gate drei für Sie zum Einsteigen bereit. ICH HABE KEINEN BOCK MEHR! SECHS JAHRE! Falls Sie jemanden kennen, der einen neuen Job für mich hat, melden Sie sich gern am Infopoint in der Abflughalle. Ich könnte mir ein Engagement beim Radio vorstellen. Muss auch nicht Prime Time sein. Ich schreibe auch Gedichte. Kostprobe gefällig?

Flug 337
Ist heute hiergeblieben
Für die Airline eine Schmach
Aber zum Glück ist morgen ein neuer Tag!

»Achtung, Achtung! Also, wenn Sie etwas für mich wissen ... Infopoint in der Abflughalle!«

Einheimische

Einheimische fahren nie in Urlaub. Warum auch? Andere fliegen 5000 Meilen, um ihre Stadt zu sehen, sie kommen, um eine Hafenrundfahrt zu machen, eine Kirche zu besichtigen, zum Shoppen. Einheimische haben all das vor der Haustür.

In den meisten Fällen aber hilft das nicht. Was für Besucher ein paar verregnete Urlaubstage sind, ist für die Einheimischen bittere Realität. Deshalb sehen sie meist ein wenig verwettert aus, machen in Regenklamotten manchmal eine unglückliche Figur und lächeln selten. Natürlich verwirrt das die Besucher: Die Einheimischen könnten jeden Tag, am Wochenende sogar bis zu viermal täglich, Hafenrundfahrten machen! Sie könnten in der Kirche sogar zum Gottesdienst gehen, inmitten all der Schätze! Und wenn dann noch Zeit bleibt: SHOPPING!

CITY TOUR

Die Einheimischen aber bleiben meistens zu Hause. Sie sehen fern, hören Jazzradio und schälen Kartoffeln. Und dann ist da noch die Arbeit. Morgens hin, abends wieder zurück. Vor allem abends treffen sie dabei Touristen. Die wissen nicht, welcher U-Bahn-Ausgang der richtige ist, schwanken auf dem Bahnsteig hin und her, bis einer von ihnen den Umgebungsplan kapiert hat. Zu diesem Zeitpunkt sind die Einheimischen schon zu Hause. Nachdem sie sich die Schuhe ausgezogen haben, kochen sie die Kartoffeln.

Bis auf die öffentlichen Verkehrsmittel haben Einheimische und Besucher wenig Berührungspunkte. In Museen würden Begegnungen nicht ausbleiben. Aber Einheimische gehen nicht ins Museum. Warum sollten sie? Das ist ihre Geschichte, sie hatten das in Heimat- und Sachkunde bis zur vierten Klasse. Klar könnten sie da noch mal reingehen und sich den Plunder ansehen. Aber wer soll dann den Müll runterbringen, Kartoffelsalat zubereiten und die neuen Gardinen anbringen? Sie sind nicht im Urlaub. Sie sind zu Hause.

Genau genommen haben Besucher und Einheimische nur einen Treffpunkt: das Kassenhäuschen in der Kirche, in dem ein Einheimischer sitzt. Von den interkulturellen Begegnungen, die hier stattfinden, könnte sich das Goethe-Institut eine Scheibe abschneiden. Kanadier, die eine neue numismatische Welt erkunden. Chinesen, die vier Finger ausstrecken und mit einer Kreditkarte wedeln. Amerikaner, die nach dem Weg zur Hafenrundfahrt fragen. Alle tragen Taschen von stadtbekannten Kaufhäusern und Flagship-Stores.

Wie sollte der Einheimische mit ihnen ins Gespräch kommen? Did you have a nice harbour cruise? What's in the bag? Can I show you around this church? I come here every Sunday for worship. Den Einheimischen ist das zu blöd. Sie gehen lieber nach Hause. Noch ein bisschen Jazzradio hören.

Fado

Der Fado kann das ewige Moll nicht mehr hören. Das ist doch auf Dauer nicht auszuhalten. Als gäbe es nur Liebeskummer und Magenprobleme. Es gibt doch auch noch Eiscreme, lange Tage am Strand, nach denen man abends Sand in den Hosentaschen findet und immer noch ein bisschen nach Sonnencreme riecht. Muss es denn immer die Herzschmerznummer sein?

Die Möglichkeiten liegen doch vor der Haustür. Mal rausfahren nach Cascais, einen Portwein trinken und Pessoa lesen. Das Leben könnte so schön sein. Und was ist? Moll. Immer nur Moll. Gut, immer Dur ist vielleicht auch etwas zu viel, aber da sind doch noch Septakkorde, Tredezimakkorde und all das Zeug. Also, gerne eine Strophe in Moll, ganz geheimnisvoll und vom Schmerz umweht. Aber dann doch nicht so weiter! Das Gejammer hält ja keiner aus. Der Fado muss es wissen, schließlich macht er das schon seit ein paar Jahrhunderten mit.

LISBOA
FILME
Apresenta
AMÁLIA RODRIGUES
e
VIRGILIO TEIXEIRA
FADO
HISTORIA D'
CANTADEIRA
Argumento
O VIEIRA
GATÃO
FADO
FADO
PORTUGA

Leider aber hört niemand auf den Fado. Die spielen einfach alle wie gehabt. Der Bass, wenn ein Bass dabei ist, fischt in den Untiefen der Musik und bringt dann und wann mal einen Ton mit an die Oberfläche. Die Gitarre angelt in den gleichen Gewässern. Und die Stimme …

Der Fado erinnert sich noch an Elena Dias. Sie war ein junges Mädchen, arbeitete tagsüber am Gemüsestand im Mercado de Arroios. Sie kam nicht oft in die Gassen unter der Burg, in denen sich der Wind, der vom Meer aufzog, an Ecken und Zinnen verlor. Es roch nach Essen, Schweiß und auch ein bisschen nach Zitrone. Wenn Elena kam, kam sie dienstags. Ein langsamer Abend. Ein paar Touristen saßen in den Restaurants, halb aufgegessenen Bacalhau und leere Weingläser vor sich. Ein paar Kreuzfahrer, Individualtouristen, dazu ein halbes Dutzend Chinesen. Und Elena Dias.

Der Fado konnte nicht genug von ihr kriegen. Sie war schüchtern, keine, die zwischen den Tischen entlangschritt und dabei die Hüften wiegte. Sie blieb in der Ecke vor dem Klo, neben sich Luis auf einem Klappstuhl. Seine Gitarre war nie gestimmt, aber das störte Elena Dias nicht. Und auch wenn sie nicht viel größer war als Luis auf seinem Klappstuhl, füllte ihre Stimme das ganze Restaurant.

Der Fado wird das nie vergessen. Wie jeden Abend versuchte Luis, sie mit einer Kaskade von Mollakkorden runterzuziehen. Elena war das egal. Sie sang sich durch die Fado-Klassiker *Fado Português*, *Minha Dor*, *Meu Barrio Alto*. Der Fado hatte schon schlechtere Versionen gehört. Dann hörte Luis auf, Gitarre zu spielen, und holte sich ein Glas Wein von der Theke.

Die meisten Touristen waren schon gegangen, als Elena Dias leise *Que Sera* anstimmte. Der Fado singt den Refrain noch heute.

Gummiboot

Erfunden hat das Gummiboot ein Magnat aus der Reifenschlauchindustrie. Den ganzen Tag nur Schwarz, das hält auf Dauer keiner aus. Schwarze Reifen, schwarze Fahrradschläuche, schwarze Dichtungsringe. Kein Wunder, dass mal jemand auf die Idee mit dem Gummiboot gekommen ist. Zumal man auf Dichtungsringen so schlecht sitzen kann.

Außerdem haben auch Gummimagnaten Kinder. Und Kinder wollen an die See fahren, im Wasser herumplanschen, Sandburgen bauen und Erfrischungsgetränke aus handlichen 0,2-Liter-Päckchen trinken. Irgendwann wird aber auch das mal langweilig. Dann ist das Wasser schlagartig zu kalt, irgendwer hat das blaue Schäufelchen versehentlich mit eingebuddelt, und das Erfrischungsgetränk ist auch schon wieder alle. Was nun, Herr Gummimagnat? Würde der Magnat nun Dichtungsringe verteilen und sagen: Nun spielt mal schön, Kinder – in welchem Lichte würde die Gummischlauchindustrie dastehen?

Zum Glück haben auch Gummimagnaten ein Herz, auch wenn es wahrscheinlich schwarz ist. Und weil Autoreifen nicht schwimmen und Fahrradschläuche zum Fahrradfahren gedacht sind, haben sie ihre Entwicklungsabteilung damit beauftragt, einen schwimmbaren Untersatz zu entwickeln. Zuerst konnten die Ingenieure damit wenig anfangen. Ein großer Dichtungsring? Geht unter, weil er zu schwer ist. Ein Profilreifen? Hinterlässt so unschöne Muster auf der Haut, was gerade im Sommerurlaub natürlich nicht erwünscht ist. Die Entwickler wollten schon die Waffen strecken, als ihnen ein zwischen Werkbank und Wand eingeklemmter Lkw-Schlauch auffiel. Sicher, dachten sie, der würde schwimmen.

Drei Tage später wurde dem Herrn Magnaten dann ein schwarzes Ungetüm präsentiert, das entfernt an heutige Schlauchboote erinnerte. Der Boden war aus schwerem Gummi, um das der Lkw-Schlauch mit rund 220 Fahrradschläuchen gewickelt war. Der Magnat nahm das Monstrum mit nach Hause, um es zu testen. Dort angekommen, sah er dabei zu, wie es ganz langsam im Pool versank.

Der zweite Prototyp schwamm immerhin. Aber irgendetwas – der Magnat konnte trotz umfangreicher Berufserfahrung im Umgang mit Gummi aller Art nicht recht sagen, was – störte ihn. Die Form? Vielleicht eher eckig? Nein, dann würden sich die Kinder an den Ecken stoßen. Ein anderes Ventil? Dann wäre ein Kompressor notwendig, die an Stränden selten zu finden sind. Wie immer, wenn der Magnat nicht weiter wusste, holte er Kaugummi aus der Tasche und knetete es zwischen Daumen und Zeigefinger. Und siehe da: Rot! Und Blau und Grün! Nach diesem Geistesblitz verfeinerte er noch die Form – alles muss man heutzutage selber machen – und ließ dann die ersten hundert Gummiboote herstellen. So einfach ist das.

Und es ist nicht nur einfach, es erfreut auch die Kinder. Und die Angestellten der Gummimagnaten, weil sie sich schnittige Rallyemuster für die Gummiboote ausdenken dürfen. Rot mit blauen Streifen und so oder rosa Quadrate. Das wiederum freut die Ehefrauen der Angestellten. Nach Feierabend fragen sie: Und, Schatz, wie war dein Tag? Und die Angestellten antworten: Morgens schwarze Dichtungen, nachmittags Gummiboot – diesmal blau mit grünen Streifen.

Heizung

Die Lieblingsstellung der Heizung ist Sternchen. Meist ist es ihr vergönnt, in den Sommermonaten in dieser Stellung zu verweilen. Der Heizung soll das recht sein. Ab und zu gluckert sie zufrieden, und wenn sie gegenüber dem Fenster hängt und die Sonne auf sie scheint, wird es sogar ihr zu warm. Ansonsten: Summertime, and the livin' is easy.

Dann kommt der Reisemonat September. Es ist schon merklich kühler geworden, aber die Besitzer der Heizung sparen noch immer Heizkosten. Das Geld wandert in einen spontanen Fünf-Sterne-all-inclusive-Hotelaufenthalt auf Korfu. Und natürlich wird vor der Reise – wie jedes Jahr – viel zu spät gewaschen. Was für die Heizung bedeutet: Das war's mit Sternchen.

Plötzlich ist sie auf fünf, und als wenn dieses böse Erwachen nicht schon genug wäre, werden eiskalte nasse Klamotten auf ihr drapiert, die natürlich noch mitgenommen werden müssen. Keine gute Zeit, um eine Heizung zu sein. Zum einen sind da die

2
4
Lufthansa

Dehnungsschmerzen. Kochend heißes fließt durch ihre Adern, wo gestern noch lauwarmes Sternchen-wasser stand. Die Heizung stöhnt jetzt, manchmal klackt sie auch.

Bald bemerkt sie, dass die nassen Wickel den Schmerz ein wenig lindern. Die allerdings wechseln immer schneller und meist bevor die Heizung ihrer Arbeit – wenn man das Arbeit nennen will – nach-kommen kann. Das Trocknen von Klamotten ist eher ein Hobby von ihr, man hilft, wo man kann, aber dau-erhaft? Das wäre nicht gut für die Lackierung. Schon bald bilden sich unschöne Rostbläschen dort, wo der Aschenbecher immer draufgeknallt wurde oder wo das Metall des Gitters vom Armauflegen blank gescheuert ist. Rostrot stehen sie im Verkehrsweiß (RAL 9016). Und natürlich stört das die Heizung, die mit ihrem strahlenden Weiß Vertrauen wecken will, sagen will: Seht her, ich würde im Weiß der Wand verschwinden, wenn ihr nicht Altweiß (RAL 9010) gestrichen hättet.

Nun folgt der Urlaub. Aber nicht für die Hei-zung. Denn nachdem der Besitzer in letzter Sekunde ein Taxi gerufen hat, weil das Scheißzeug auf der Scheißheizung nicht trocken geworden ist, wird alles in den Koffer geschmissen und die Treppe runtergehastet. Sammy und sein Taxi warten schon seit zwölf Minuten. Mit viel Glück schaffen die Besitzer die 7.15 Uhr-Maschine zum Ioannis Kapodistrias International Airport noch. In ihrer Hektik, die mehr einer Panik gleicht – sie haben natürlich keine Reisenichtantrittsversicherung mitgebucht und sogar das Pop-up mit der Erinnerung weggeklickt –, schaffen sie es gerade noch, den Herd zu kontrollieren. Der ist aus. Die Heizung aber, die den Herrschaften den Urlaub gerettet hat (Zitat Besitzerin: Ohne dieses Top hebe ich nicht ab!), sie steht immer noch auf fünf. So viel zum Thema Heizkosten sparen.

Es vergehen drei lange subtropische Wochen, nur unterbrochen von einem Windzug durch das undichte Fenster. Ab und an lässt die Heizung etwas Dampf ab und stöhnt leise vor sich hin, während die Herrschaften sich bei 27 Grad am Pool volllaufen lassen. Solche Temperaturen hätten sie zu Hause auch haben können.

Hotelzimmerschlüssel

Manchmal, wenn der Hotelzimmerschlüssel im Korb an den Strand getragen wird, unter ihm ein Handtuch und neben ihm die Sonnencreme, fühlt er sich für einen Moment lang frei. Die Kette zwischen ihm und seinem Anhänger liegt ganz entspannt da. In dieser Viertelstunde, im Korb auf dem Weg zum Strand, kann der Hotelzimmerschlüssel von Freiheit träumen.

Dann verschwindet das Handtuch, und der Anhänger rutscht in die linke Ecke des Korbs. Mit einem Ruck zieht die Kette an und schnürt dem Hotelzimmerschlüssel die Luft ab. Er rasselt in die Ecke hinterher, kommt neben dem Anhänger zum Liegen. Die Kette zieht weiter an ihm.

Schon jetzt sind die Träume des Hotelzimmerschlüssels vergessen: dass er sich vom Joch des Anhängers befreien könnte. Ein Leben in Freiheit. Gerne am Schlüsselbund, am liebsten als Ersatzschlüssel. Dann kann er in Ruhe am Schlüsselbrett hängen.

14

Speicherschlüssel wäre auch okay. Drei, vier Einsätze im Jahr. Von so was träumt ein Hotelzimmerschlüssel.

In der Wirklichkeit aber zieht und zerrt der Anhänger. Dank ihm liegt der Hotelzimmerschlüssel immer in den dunkelsten Ecken. In der Handtasche, der Bauchtasche und in der Hosentasche. Da unten ist es meist stickig, und in Damenhandtaschen trifft man in diesen Untiefen gern Krümel vom Bocadillo de Jamón, vergessene Mentholkaugummis oder Sand.

Der Anhänger ist unerbittlich. Am schlimmsten ist es, wenn die Hotelgäste den Hotelzimmerschlüssel nach einem langen Tag am Strand innen ins Schloss stecken. Der Anhänger und die Schwerkraft ziehen dann die ganze Nacht. Der Hotelzimmerschlüssel hat sich daran gewöhnt. Der Anhänger hängt ihm wie ein Mühlstein um den Hals. Das geht manchmal bis kurz vor den Erstickungstod.

Der Hotelzimmerschlüssel hat schon versucht, es als Strafe Gottes zu sehen. Er betet in jeder Kirche, in die ihn die Hotelgäste schleppen. Bei denen, die nur kurz reingehen und ein Beweisfoto machen, reicht es gerade für ein Stoßgebet. Bei geschichtlich interessierten Gästen schafft der Hotelzimmerschlüssel locker ein Vaterunser. Aber selbst wenn er den Rosenkranz beten würde: der Anhänger bleibt.

Natürlich hat der Hotelzimmerschlüssel schon versucht, mit dem Anhänger zu reden. Im September war er in einer Bauchtasche in Bilbao. Unter ihm lagen Taschentücher, die Kette sah aus, als würde sie Siesta halten. Der Hotelzimmerschlüssel stieg über das Wetter ein, das für Spanien ungewöhnlich war. Zwölf Grad und Regen. Keine Reaktion. Er versuchte die berufliche Schiene: dass man in all den Jahren gut zusammengearbeitet habe, und die Nacht, als sie am Strand vergessen wurden, ob der Anhänger sich daran noch erinnern könne? Keine Reaktion. Vielleicht ein Kompliment? Hey, nach der letzten Politur sahst du viel besser aus!

Statt sich über die Ignoranz und das Gezerre zu ärgern, genießt der Hotelzimmerschlüssel die Momente des Glücks, in denen die Kette ganz locker ist. Manchmal möchte er einfach abhauen. Einmal hat er es probiert. Sein Kettenende war mit den Jahren ausgeleiert und löste sich vom Schlüssel. Der Hotelzimmerschlüssel dachte schon, er hätte es geschafft. Bis der Rezeptionist ihn mit einer Zange wieder an die Kette legte.

Kirchen

Kirchen hadern mit ihren Türmen. Auf den ersten Blick mag das unverständlich erscheinen, aber wer sich einmal näher mit dem Thema beschäftigt, merkt schnell, dass Kirchen an ihren Türmen schwer zu tragen haben. Ihre Fundamente sind eben auch nicht mehr die jüngsten, und in vielen Fällen wurden sie vor Jahrhunderten so angelegt, dass sie einen leichten Holzturm tragen konnten. Der war mal 20, mal 30 Meter hoch und brannte immer mal wieder ab. Auch die Kirche selbst wurde dabei manchmal etwas angesengt. Aber so was stört eine Kirche nicht. Sie hat den Dreißigjährigen Krieg, Pest und den Bildersturm überlebt. Da machen ein paar Brandwunden auch keinen Unterschied mehr.

Dann aber waren Holztürme plötzlich nicht mehr gut genug. Nein, es musste Stein sein, schwerer Sandstein oder sogar nachlässig behauene Felsbrocken. Schlimmer noch: Es ging hoch hinaus. 30 Meter galten plötzlich als mickrig. Und dazu größere Glocken,

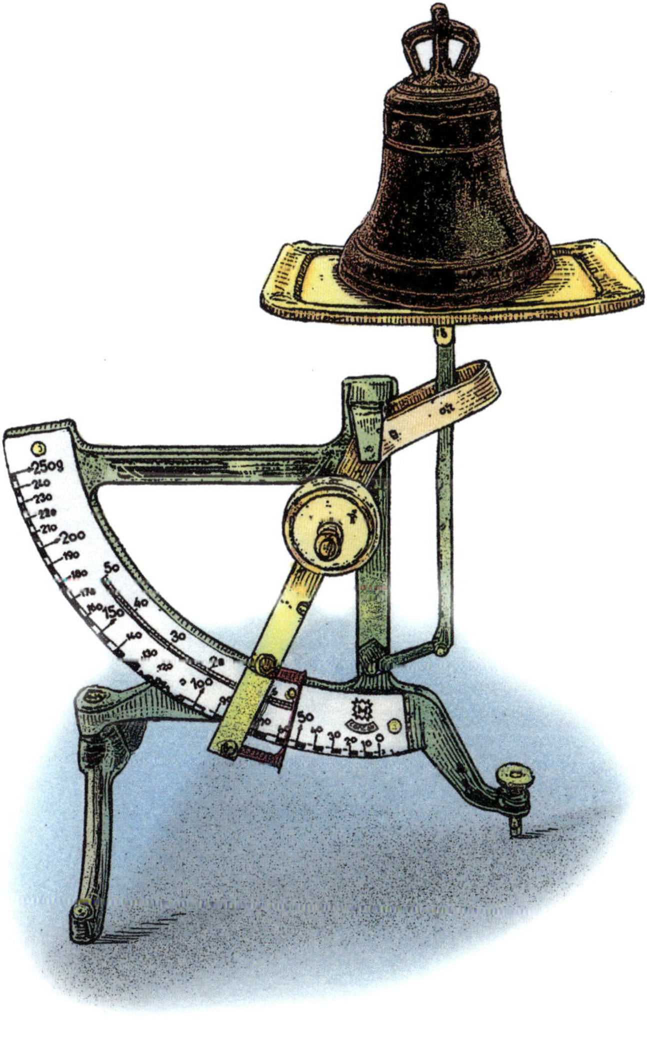
250g
200
150
100
50

die ein nicht unbeachtliches Zusatzgewicht darstellen, und eine Turmuhr, gerne mit schweren Bleipendeln.

So wurden die Türme für die Kirche darunter Schwerstarbeit. Das wahre Problem aber liegt woanders, wie die folgende Szene zeigt: Ein trüber Dezembermorgen. Der erste Schnee ist gefallen, und innen ist die Kirche gerade so ein bisschen warm geworden. Der Hausmeister reißt die Türen auf, sodass kalte Winterluft hereinströmt, macht das Licht an und setzt sich in das Kassenhäuschen zu den Bechern, die den Turm zeigen, den Turmnachbildungen aus Bronze und den Turmbleistiften.

So gegen 10 Uhr kommen die ersten Besucher. Spanier. Sie sehen sich kurz um und gehen zielstrebig auf das Kassenhäuschen zu. Natürlich kaufen sie ... drei TURMKARTEN! Als hätte die Kirche gar nichts zu bieten. Nicht, dass ihre Decke von keinem bekannten Renaissancemaler gestaltet wurde. Und der Altar mit den Darstellungen aus dem Leben Jesu, 1796, der ist locker 30 oder 40 Millionen wert.

¡Hola Señores! möchte die Kirche den Besuchern zurufen, aber die sind schon im Fahrstuhl nach oben und würden es bei dem Rattern sowieso nicht hören. Ich hätte hier noch eine Krypta! Mit einem König oder vielmehr dem, was nach 371 Jahren noch von ihm übrig ist! Bischöfe? Und ob ich Bischöfe habe! Ich müsste mal wieder zählen ... Ich glaube zwölf oder so! Oder wie wär's mit ein paar Edelsteinen? Einer Madonna aus Gold? Bücher habe ich auch. Ganz altes Zeug, fast unleserlich, aber schöne Zeichnungen!

Eine Kanzel aus Ebenholz, ein Splitter vom Kreuz Jesu, ein Grabtuch, auf dem der Judasbecher einen Schatten hinterlassen hat, die Gebeine des heiligen Sankt Michael, Postkarten zu 70 Cent, das Kirchenfenster eines deutschen Nachkriegskünstlers, ein Modellschiff einer Kogge, Geschenk des Hansebundes im Jahr 1780, ein Taufbecken aus dem 6. Jahrhundert nach Christus, Marmor aus Carrara, der mit einem Eselskarren über die Alpen in dieses unwirtliche Land gebracht wurde, Myrrhe, Weihrauch und Rotwein!

Die Besucher sind inzwischen wieder runtergerattert. Einer von ihnen ist ganz grün im Gesicht, wahrscheinlich Höhenangst. Er schafft es gerade noch aus der Vorhalle. Draußen kotzt er der Kirche ans Fundament. Es mussten ja Turmkarten sein!

Koffer

Koffer sind Familienmenschen. Leider aber haben die meisten Kofferfamilien nur sehr wenig Zeit füreinander. Meist wird der mittlere aus dem Regal gezogen, wo er gerade noch neben Mama (Koffergröße L) und der kleinen Schwester (S) stand. Wenn der Käufer es nicht eilig hat, bleibt Zeit für einen kurzen Abschied: Schwüre, man werde sich wiedersehen, vielleicht ein Handkuss für die Frau Mama. Ist der Käufer hektisch, endet das Familienleben abrupt. Zum Glück können Koffer nicht weinen.

Für den Bruder mit der Koffergröße M beginnt nun eine Coming-of-Age-Geschichte. Sie ist voller Höhen und Tiefen. Größe M ist halt so mittendrin. Also eigentlich immer zu klein. Heißt für M: frühes Rheuma an den Kanten, weil er nie so richtig geschlossen ist, dazu ausgekugelte Schließgelenke. M nimmt das störrisch hin. Ja, denkt M, L wäre besser gewesen. Mutti ist eben die Beste.

Um diese Erkenntnis reicher, erkundet M die entlegensten Winkel des Erdballs. Kathmandu, die Seychellen, JFK. Überall erwarten ihn dunkle Keller, in denen er sortiert wird, um dann am Kofferband wieder das Licht der Welt zu erblicken. Er wird in Venedig über Brücken geschleift, seine Rollen verfangen sich im Kopfsteinpflaster der Gassen um Montmartre und schlingern den Kurfürstendamm entlang. Verhältnisse, die selbst den besten Hartschalenkoffer nach und nach erweichen. Nur selten denkt M noch an Mutti.

Und dann, nach langen Jahren unterwegs und noch längeren Jahren im eiskalten Keller seiner Besitzerin, trifft er sie. Natürlich in Dubai, wo Gummikanten Koffer nach dem Fall auf das Kofferband schützen. Sogar der Keller ist in Dubai erhellt, und er meint, die mauvefarbene Form schon von Weitem zu erkennen. Mutti! Hier bin ich!, ruft M. Mutti aber rollt stumm auf dem Nachbarband vorbei. Die Hoffnung stirbt zuletzt. Aber es könnte schlimmer kommen.

Denn Schwester S droht das Schicksal als Stiefkind. Ein Scheich kaufte Mama und Papa, eine seiner Frauen Schwester XS. Während ihre Familie in der Weltgeschichte rumgondelt, steht sie seit mehr als einem Jahr im Regal. Ihre Farbe ist längst out, und eine feine Staubschicht überdeckt sie. Abends, wenn sich die Ruhe über den Laden legt, stellt sie sich vor, der Staub sei feinster Karibiksand.

QUEEN

Kreuzfahrten

Kreuzfahrten sind mit Kreuzworträtseln verwandt. Nicht erster Grad, schon eher väterliche Linie, dritte Tür links. Indiz dafür ist die hohe Zahl an Kreuzworträtseln, die an Bord von Kreuzfahrtschiffen komplettiert werden. Zwischen den Häfen ist wenig zu sehen, nur Küste irgendwo im Osten, um die man sich im nächsten Hafen kümmern kann.

Den Weltmeeren geht das mit den Kreuzfahrten – und damit auch das mit den Kreuzworträtseln – ziemlich auf den Geist. Als wenn es nicht reichen würde, dass Containerschiffe, Fischer und die Bundesmarine durch die Weltmeere pflügen. Nein, nun auch noch Kreuzfahrtschiffe. Von A nach B nach C. Den Weltmeeren wird schon vom Zusehen ganz langweilig. Und wenn Sturm ist, gibt's halt noch einen weiteren Abend in den Portweinhöhlen Portos. Die Weltmeere finden, dass die Kreuzfahrtschiffe feige sind.

Dagegen Containerschiffe: Sie nehmen es, wie es kommt. Ob Sturm, Unwetter oder Bermudadreieck.

Egal, was die Weltmeere sich einfallen lassen, Containerschiffe stört das nicht. Ab und an geht ein Container über Bord, aber der ist versichert. Den Weltmeeren gefällt diese Can-do-Attitüde.

Außerdem macht die Weltmeere dieses ständige Hin und Her ganz kribbelig. Bei Containerschiffen ist das in Ordnung, die fahren länger, das ist ganz entspannt. Aber die Kreuzfahrer? Immer die gleiche Nummer. Wie berechenbar. Die Weltmeere waren früher große Fans von Piraten, da geht ihnen ein solches Beamtendenken ziemlich auf den Zeiger.

Und erst die Einhandsegler! Während die Containerschiffe das Meer sogar bei dreiviertel Kraft voraus streicheln, kitzeln die Einhandsegler. Unerträglich ist das. Manchmal müssen sich die Weltmeere dann kratzen, was Wellen zur Folge hat. Die Weltmeere meinen das nicht so. Einhandsegler sind schon cool.

Im Gegensatz zu Kreuzfahrten. Es gibt dreimal am Tag Essen, und die Kabinen haben einen Außenbalkon. Das Spielcasino ist ab 9.30 Uhr geöffnet, die Wasserrutsche ab 7 Uhr. Jeden Tag! Da würden sogar Weltmeere Kreuzworträtsel lösen.

Kulturbeutel

Der Kulturbeutel ist das distinguierteste unter den Gepäckstücken. Deshalb ist er meist bei höhergestellten Damen angestellt. Und das, obwohl er vom monetären Wert eines Koffers weit entfernt ist. Darüber aber sieht der Kulturbeutel wohlwollend hinweg.

Die Anstellung bei gutbetuchten Damen verleitet den Kulturbeutel zu einem gewissen Übermut. Allein sein Name. Er ist Beethoven, purer Humanismus, ein Gruß an die Antike. Dagegen sieht der Kabinentrolley ziemlich alt aus, vom Rucksack mal ganz zu schweigen. Kulturbeutel. Noch Fragen?

Wenn er mit seiner Dame auf Reisen geht, gerät er gern mit dem Koffer aneinander. Der ist ein ausgemachter Jammerlappen. Er beschwert sich, dass er sich während der dunklen Monate im Keller eine Erkältung eingefangen hat, so feucht sei es gewesen. Als störend empfindet der Kulturbeutel auch den muffigen Geruch des Koffers. Sicher, er schützt ihn

während der Reise. Aber der Kulturbeutel muss frisch sein. Auf ihn wartet der Auftritt in einem Badezimmer eines Vier-Sterne-Hotels.

Seine Bühne: die Ablage über dem Waschbecken. Meist etwas zu schmal, der Job erfordert neben gutem Gleichgewichtssinn eben auch die Abwesenheit von Höhenangst. Natürlich aber ist der Inhalt das Wichtigste im Leben des Kulturbeutels. Als da wären: edle Flakons von französischen Modehäusern, gefüllt mit Essenzen von Zitrus und Zedernholz. Der Lippenstift von einem hippen Label aus New York, denn auch der Kulturbeutel muss mit der Zeit gehen. Dazu Wimpernzange, Concealer und Nagelfeile, allesamt aus bestem Hause.

Manchmal aber überkommen den Kulturbeutel Zweifel. Etwa wenn er in Anstellung bei einem Herrn ist. Der füllt ihn mit Rasierer, Bartkamm, Zahnpasta, Zahnbürste, Nagelknipser, Deo, Kamm, Ohropax und einem Parfum für 16,99 Euro. Wenn es gut läuft, wird er bei den Herren der Schöpfung in einem Weekender bewegt, öfter allerdings in einer Sporttasche, direkt neben den Socken. Im Gegensatz zum aluminiumbewährten Koffer von Damen bieten diese Gepäckstücke kaum Schutz vor Schlägen und Erschütterungen. Kultiviert geht anders, meine Herren.

All das wäre ja noch zu akzeptieren. Dann und wann aber, wenn der Kulturbeutel im Dunkel des Schrankes auf seinen nächsten Einsatz wartet, drohen ihn die Zweifel zu übermannen. Er hadert dann mit seinem zugegebenermaßen oberflächlichen Inhalt. Sollte er als Kulturbeutel nicht tiefgründiger sein? Er könnte doch auch drei oder vier CDs – die *Neunte*, Mahler und Schostakowitsch, vielleicht noch ein Klavierkonzert von Debussy – oder zwei Romane, einen Auster vielleicht und einen Klassiker wie Mann, transportieren. Ach was! Er hat mindestens Platz für acht Reclam-Hefte. Brechts Gedichte, Kästner vielleicht, Homer, ein Stück von Arthur Miller, Hauptmann, Borchert, Seneca und natürlich Goethe. *Urfaust* mit Anmerkungen.

So wird der Kulturbeutel zum Mahnmal des gesellschaftlichen Verfalls. Innere Werte?

Dann lieber Concealer.

Kurorte

Kurorte sind, trotz ihrer Größe und Pracht, bescheiden geblieben. Sie erinnern sich noch gern an die Zeit, als sie nur ein Weiler waren. Ein paar Häuser am Ufer des Flusses, im Rücken die Berge. Ab und zu trat der Fluss über die Ufer, brauner Schlamm, der die Felder fruchtbar machte. Dann entdeckte ein Junge aus dem Dorf diese Quelle, er hatte das Plätschern im stillen Wald gehört. Ein Rinnsal, das aus einem Felsen drang.

Mit der Quelle ging alles ganz schnell: 800 Jahre später feierte im Kurort die Gasbeleuchtung ihre Weltpremiere. Die Fassung der Laternen war aus glänzendem Messing, jeden Tag poliert. Ihr Licht fiel auf die Karossen der Adeligen, auf roten Samt, Ebenholz und arabische Hengste. Wenn die Zarin in der Stadt war, zeigte sich der Kurort von seiner besten Seite. Er roch nach Wildbraten, war erfüllt von Stimmen in den Sprachen dieser Erde. Im Kurhaus tranken die Gäste aus goldenen Bechern. Abends wurden in der Spielbank Vermögen vernichtet, es wurde zum Bankett gebeten oder zum Tanz im Festsaal des ersten

Hotels am Platze. Schwere Türen mit Blattgold, tiefe Teppiche aus Turkmenistan, über denen der Gesang einer Operndiva, das Flüstern von Debütantinnen und Diplomaten verhallte.

Wenn sich der Kurort für Adelsgeschichten interessiert hätte, er hätte an der Quelle gesessen. Aber statt den Klatsch in der Kurgazette zu lesen, löste er lieber Kreuzworträtsel. Was interessierten ihn die nächtlichen Ausflüge Prinz Alexanders, der offensichtlich den Nachtportier und den Liftportier bestochen hatte, nur um kurz vor dem Zimmer seiner Angebeteten Sophia (Prinzessin der österreichisch-ungarischen Monarchie) von ihrem Bruder, dem Thronanwärter Prinz Franz, abgefangen zu werden.

Fluss in Afrika mit drei Buchstaben. Das ist einfach, dachte der Kurort. Flüsse waren kein Problem für ihn. Vielleicht weil er selber an einem lag, vielleicht weil die Kurgäste ihre daheimgebliebenen Flüsse gerne beim Spaziergang im Kurpark, der sich wie ein Band beidseitig am Ufer hinzog, besprachen. Die Frühjahrsflut, die niedriger ausgefallen sei als noch im vergangenen Jahr. Die Nilkreuzfahrt, die Gattin habe sich das erbeten, man selbst sei nicht sonderlich erpicht darauf.

Freudiger Ausruf mit fünf Buchstaben. Auch da musste der Kurort nicht lange überlegen. Wenn die Zarin zu Besuch kam, mit ihrem Tross in die Stadt einzog, mit all dem, was der Zug gebracht hatte, Kutschen beladen mit Koffern, die Leibgarde, Zofen in knisterndem Taft. Selbst Selma verließ kurz ihren Posten hinter der marmornen Theke der Konditorei an der Hauptstraße. Sie verschloss die Kasse, gab den wenigen Gästen zu verstehen, man möge ihr folgen. Draußen, unter dem Schild mit der Kaffeekanne, jubelten sie der Zarin zu.

Kurort mit sechs Buchstaben. Der Kurort geht die Konkurrenz durch, sogar den Ort in Böhmen, der es gewagt hat, man denke sich das mal aus, in der örtlichen Gazette eine Annonce zu schalten und mit seinen gerade mal zwei Grad wärmeren Quellen zu werben. Er geht noch mal die Namen all der mythischen Orte durch, in Österreich, der Schweiz, sogar dem nördlichen Italien. Sechs Buchstaben? In der Bibliothek des Kursaals studiert der Kurort sogar den Atlas der Geografie.

Erst nach Stunden des Suchens geht ihm auf, dass er selbst gemeint sein könnte.

Mietwagen

Die meisten Mietwagen haben Angst vor dem Zahnarzt. Ihr Berufsleben aber ist einzig und allein darauf ausgerichtet, dass sie früher oder später in Behandlung müssen. In unglücklichen Fällen kann das schon nach 8000 Kilometern der Fall sein. Durchschnittlich aber dauert es bis Kilometer 22 888, bis der Termin notwendig wird.

Der Grund ist immer der gleiche: die Touristen. Da gibt es welche, die sind seit Jahren kein Auto mehr gefahren. Aber Auto fahren verlernt man ja nie. Der Mietwagen kann ein Liedchen davon singen (hören Sie im Urlaub mal auf das Sirren der Kardanwelle, das ist das Liedchen) – das Gegenteil ist der Fall. Man, und übrigens auch frau, verlernt es. Da wird erst mal hektisch der Rückspiegel eingestellt und der Zündschlüssel so lange gedreht, dass der Motor vom Anlasser in die Knie gezwungen wird. Ganz zu schweigen von

dem bohrenden Schmerz im Zündschlüsselloch. Und wenn es dann endlich losgeht, wird entweder gleich im dritten Gang angefahren oder der zweite Gang ohne Kuppeln eingelegt. Das Knirschen hören die Insassen meist nicht, weil Rai Uno läuft und Adriano Celentano gerade Aaazzzuuuroooo! schmettert.

Bei dieser Behandlung muss ja etwas kaputt gehen. Zuerst das Federbein vorne, das im Schlagloch eines malerischen Örtchens an der Ostküste einen rechten Haken verpasst kriegt. Zunächst ist die Gabel nur angeknockt, aber schon auf dem Feldweg zum Romantic Secret Escape von Airbnb tief in den Wäldern Umbriens wird ein Bruch daraus. Zudem fängt der Innenraum an, nach alten Socken zu stinken, weil ein Urlauber seine durchgelatschten Wanderstiefel ganz praktisch in der Felge des Ersatzreifens entsorgt hat. Das Plastik des Armaturenbretts, an dem Bertone monatelang herumdesignt hat, bekommt davon Ausschlag mit kleinen Bläschen, und der Belag der Handbremse ist schon nach der dritten Vermietung hin.

Es kommt, wie es kommen muss: Die Werkstatt droht. So zumindest haben die freundlichen Servicemitarbeiter des Autovermieters den Zahnarzt genannt, um den Phobikern unter den Mietwagen die Angst zu nehmen. Also ab in die Werkstatt, meist am Rande des Flughafens. Dass sie dort auf die Hebebühne gefahren werden, muss kein schlechtes Zeichen sein. Routinekontrolle. Kann ja sein, dass man nichts findet. Manchmal aber wird dann der Berichtbogen herausgeholt. Punkt 18.1: »Knirschen oder sonstige Geräusche im Getriebe«.

Das Getriebeöl ablassen geht meistens ganz schnell. Dann wird noch mal durchgespült, und der Doktor, den der Service Mechaniker nennt, leuchtet mit dem Halogenspot rein. Auch das ist kein schlechtes Zeichen. Er kratzt vielleicht etwas mit dem Schraubenzieher an Zahnrad eins. Und wehe, ein Zahn des Rades ist abgenutzt. Dann wird ohne Betäubung zuerst die Welle rausgeschlagen, dann mit Acetylengas erhitzt und schließlich das Zahnrad mit einem Hammer runtergekloppt.

Der Dank für all die Schmerzen ist eine weitere Saison Quälerei.

Mücken

Auch die Natur hat mal schlechte Laune. Das kommt gelegentlich in Schüben, aber in letzter Zeit werden die Schübe intensiver. Die Natur schüttelt sich dann, und irgendwo in der Arktis bricht ein Gletscher ab. Jetzt reden ein paar Polarforscher und Wetterexperten darüber. Sonst passiert wenig. Deshalb kriegt die Natur noch schlechtere Laune. Sie würde sich ein wenig mehr Wertschätzung wünschen.

Aber egal, wie sie es anstellt, Sturmfluten, Brände und Orkane – alles nur Naturphänomene. Was, fragt sich die Natur, muss sie noch veranstalten? Jahrhunderthochwasser? Aschevulkane? Erdbeben? Sie lässt einen Vulkan auf Hawaii ausbrechen. Damit kommt sie gerade so auf CNN. Was ihre Laune nicht eben hebt.

Die Auswirkungen der nun folgenden Feuersbrunst – Waldbrände in Australien – bleiben lokal begrenzt. Klar, die Australier sind aufgeregt, und manchmal sehen sie sogar in den Städten Aschewolken, irgendwo am Horizont. Der Rest der Welt? Sieht so mäßig interessiert zu. Australien ist weit weg. Was jetzt, Natur? Eine Überschwemmung? Die lockt doch keinen mehr hinter dem Ofen hervor.

Natürlich! Ein Meteorit wäre gut! Hat bei den Dinosauriern auch geholfen. Und auch die mediale Aufmerksamkeit wäre ihr sicher, vielleicht sogar das Cover des *Time Magazine*. Der Krater, aus dem Weltraum fotografiert. Verbrannte Erde, die erst zu sehen ist, wenn die drei Jahre Aschewolken vorbei sind. Unglücklicherweise nur sind Meteoriten eine andere Abteilung. Sicher, die Natur kann die Erde bei Bedarf ein paar Meter nach rechts und ein paar Meter nach links verschieben. Wenn der Mond richtig steht, kriegt sie das schon hin. Nur für Meteoriten ist sie nicht zuständig. Darauf zu hoffen, wäre ein Lucky Shot.

Die Frage, wie diese Schlussfolgerung die Laune der Natur beeinflusst, muss hier wohl nicht beantwortet werden. Zuerst wird sie wütend und legt

Tokio in Schutt und Asche. Danach geht es ihr schon besser. Vielleicht noch ein paar Lawinen? Nee, lohnt sich nicht, ist Sommersaison. Also ist der Ätna dran. Nur ein bisschen Luft ablassen.

Die Rauchzeichen, die die Natur beim Ätna-Ausbruch absetzt, verhallen ungehört. Wie deutlich muss sie noch werden? Die Natur ärgert sich und … versucht, die ganze Sache mal langfristig zu denken. Sie braucht eine Strategie. Nicht immer nur so Knalleffekte, viel Rauch um nichts. Als Erstes fällt ihr der Permafrostboden in Sibirien ein. Wenn das rauskommt …

Der zweite Teil der Strategie sind Mücken. Sie macht das unbeliebteste Mückenmodell der Vorsaison noch etwas lauter und die Schwellung nach dem Stich etwas roter. Mehr Jucken muss es nicht. Was als vorsichtiges Zeichen dafür gelten darf, dass die Laune der Natur sich leicht gebessert hat.

Museen

Die Museen haben die Schnauze voll vom Ewiggestrigen. Da draußen gibt es Softeis mit Schokostreuseln, Rollschuhbahnen und Netflix. Und was bleibt ihnen? Dem Historischen Museum ein Film über Steinzeitmenschen, den es schon 778 641-mal gesehen hat, dem Kunstmuseum ein dreiminütiges Video, in dem eine koreanische Künstlerin drei Minuten schreit. Netflix hat bessere Cliffhanger.

Während draußen das Leben tobt, stellen Museen vertrocknete Lederschuhe der Navajo-Indianer aus, mit Schweineblut bemalte Leinwand und, wenn es hoch kommt, mal einen Schatz wie etwa die Kronjuwelen. Einige haben Moorleichen im Keller, andere zeigen Knöpfe, Modelle von Schiffen oder frühe Zahnarztinstrumente. Für den Moment ist das ja ganz interessant. Museen sind wissbegierig, doch selbst wenn sie eine angeschlossene Bibliothek haben, sind die Bücher hier meist leider auch nur zum Thema ihrer Ausstellungen. Und die hängen ihnen, gelinde gesagt, zum Hals raus.

POP CORN

Wie schön wäre ein Tapetenwechsel. Das Rijksmuseum könnte sich die fragilen Arbeiten einer japanischen Papierkünstlerin gut zwischen den Rembrandts vorstellen, während das MoMA gerne mal Prähistorisches präsentieren würde. Das Naturhistorische Museum dagegen denkt an all die sehnsuchtsvollen Blicke der Kinder und fragt sich, warum die Kleinen nicht mal auf dem Skelett des Flugsauriers herumklettern dürfen. Die echten Knochen sind doch ohnehin im Depot.

Natürlich aber sind solche Forderungen undenkbar. Und weil sie nichts vom Eintrittsgeld für ein Netflix-Abo abzweigen können, machen sie das Einzige, was ihnen geblieben ist: Sie sehen sich Museumsbesucher an. Leider hat das mit Netflix wenig zu tun. Die meisten Museumsbesucher haben Brillen, die sie aufsetzen, um das Kleingedruckte neben der Pharaomaske zu lesen, und dazu graue Haare. Von Leichtmeliert bis Schlohweiß ist alles dabei. Diese Besucher bewegen sich sehr vorsichtig durch die Museen, als könnten sie gegen etwas stoßen. Zum Beispiel gegen den Sockel, auf dem der Buddha aus dem 6. Jahrhundert nach Christus steht. Jüngere Leute lassen sich manchmal auch in Kunstmuseen blicken, aber die Museen merken schnell, dass es dabei nicht um sie geht. Die jungen Menschen wollen ihr Date beeindrucken, wurden von ihren Eltern hergeschleppt oder wandern zwischen griechischen Torsi umher, weil das Museum auf TripAdvisor 3,8 Sterne hat. Letztere kaufen sich im Shop häufig eine Jutetasche mit dem Logo des Museums.

Einmal aus Imagegründen. Zum anderen weil sie etwas brauchen, um das Altglas wegzubringen.

Palmen

Die Palme ist der Star unter den Bäumen. Nizza, Saint-Tropez, überhaupt die Côte d'Azur. Wo auch immer die Stars und Sternchen hinfahren: Die Palme ist schon da. Sie biegt sich geschmeidig im Wind, der vom Mittelmeer her bläst. Die Blätter sind immer grün, der Stamm so braun wie aus dem Sonnenstudio. Ist es da verwunderlich, dass die Palme bei unzähligen Filmfestivals im Hintergrund arbeitet? In über tausend Filmen eine Nebenrolle spielt? Noch hat sie keine Hauptrolle ergattern können – das Engagement als Unfallopfer im Fernsehfilm aus Cornwall ging nach hinten los –, aber ihre Zeit wird kommen.

Davon abgesehen läuft es gut im Leben der Palme. Während die Eiche in schöner Regelmäßigkeit zu dänischen Designermöbeln – Stichwort: Hygge – verarbeitet wird, nehmen Strandbarbesitzer in der Karibik höchstens heruntergefallene Äste, um damit ihre Lounge zu überdachen. Äste abschneiden? Bäume fällen und zersägen? Wir sind doch nicht in Nordeuropa!

Natürlich können sich Palmen auf umfangreiche Stammbücher berufen, um nachzuweisen, dass sie schon immer eine gewisse Vormachtstellung hatten. Einer der bedeutendsten Tempel der Frühgeschichte? Stand in Palmyra. Und wer war, wenn es an Wedel ging, der Hoflieferant von Kleopatra? Im Mittelalter hat sie sich als Deko in der katholischen Kirche und schnelllebiger Brennstoff im Nahen Osten über Wasser gehalten. Ihr Aufstieg in der Neuzeit kulminierte in den Trophäen von Cannes. Mit solchen Vorfahren wird der Palme nachgesehen, dass sie im Gegensatz zur nordeuropäischen Eiche kaum Schatten wirft. Im Gegenteil: Sie säumt weiter die Uferstraßen in den schönsten Badeorten der Welt und versperrt Gästen in Hotels mit Meerblick den Meerblick.

Zum Dank wird sie zweimal am Tag bewässert.

Diese Art von Behandlung ist für die Palme selbstverständlich geworden. Und wer sollte sich darüber wundern? Selbst die Früchte der Palme sind handelsüblichen Zutaten bei Weitem überlegen. Die Kokospalme sorgt in der Küche für Exotik, von der ein Apfel aus dem Alten Land nur träumen kann. Und die Dattelpalme versorgt den Menschen mit natürlichen

Snacks, die von Ernährungswissenschaftlern in den höchsten Tönen gelobt werden.

Noch unentdeckt dagegen ist das größte Talent der Palme: ihr Gesang. Keine Arien aus anspruchsvollen Opern, sondern Shantys, die Abend für Abend vor allem von Promenadenpalmen geschmettert werden. Was ein nichtsahnender Passant für Meeresrauschen hält, ist in Wirklichkeit *De Hamborger Veermaster (On the banks of Sacramento)*. Den Palmen ist es ganz recht, dass der Menschheit dieses Talent bisher verborgen blieb. Sonst würden sie nicht nur Promenaden und Boulevards verzieren. Sondern auch noch den Broadway.

Pflanzen

Pflanzen können nur dann in Ruhe singen, wenn ihre Besitzer im Urlaub sind. Sind die Besitzer zu Hause, heißt es immer stillgestanden. Kein Blättchen regt sich, es sei denn, das Fenster ist auf, und ein leichter Luftzug geht. Dann wagen es die Pflanzen, zumindest mal zu flüstern. Nur kurz mal nach dem Setzling gefragt. Dann schweigen sie wieder, die Pflanzen. Und warten auf den Urlaub.

Ihre Besitzer aber sind Stubenhocker. Den Jahresurlaub sparen sie für bessere Zeiten. Stattdessen fahren sie mal ein Wochenende zu ihrer Mama, mal zu seiner Mama. Sobald die Rücklichter des Autos zu sehen sind, räuspern sich die ersten Pflanzen. Die Kakteen auf der Fensterbank sehen dem Auto nach, bis es wirklich, wirklich verschwunden ist. Dann geht es los.

Die Bodenblüher kommentieren das Wetter. Die Kakteen räuspern sich, einer fragt sogar nach Wasser. Die Orchidee ist zum Glück noch nicht wach.

Die Stechpalme sieht sich um, um ganz sicher zu sein. Leise singt sie: *Ick heff mol en Hamborger Veermaster sehn ...*

Die Kakteen auf der Fensterbank sind warm gelaufen und diskutieren, welchen Choral von Bach sie singen sollen. Bei dem Durcheinander wird sogar die Orchidee wach. Sie streckt sich, öffnet sich ein bisschen trotz des Lärms: *Do, re, miiiii ...*

Die Pflanzen verstummen. Jetzt schon? Die Kakteen hatten sich gerade auf *Nun danket all und bringet Ehr* geeinigt. Und die Bodenblüher waren bei der Vorhersage für morgen. In der Küche seufzt das Basilikum. Der Lammeintopf letztlich. Zu viel Rosmarin, findet das Basilikum. Der Rosmarin will gerade antworten, als das Signal ertönt. Wieder Verdi?

Natürlich wieder Verdi. Die Orchidee kennt nichts anderes. Adele? Taylor Swift? Hält die Orchidee für exotische Pflanzenarten. Sie kann *La Traviata*, ein bisschen *Aida* und die Hälfte von *Rigoletto*. Und sie lässt keine Gelegenheit aus, mit ihrem Halbwissen zu glänzen. Manchmal wartet die Orchidee, bis die Sonne sie von hinten erleuchtet. Sie hat dann etwas

Zerbrechliches, fast Transzendentes. Sie findet, das passt gut zu *Aida*.

Die anderen Pflanzen haben keine Wahl. Die Orchidee ist so durchdringend, dass sich die Kakteen anschreien müssten, obwohl sie sich sehr nahestehen. Wenn sie Glück hat und die Zeitung auf dem Beistelltisch liegt, kann die Stechpalme ein bisschen lesen. Die Bodenblüher lassen meistens die Blätter sinken, bis der Spuk vorbei ist. Die Orchidee schafft gewöhnlich eine halbe Stunde. Dann ist der Dünger alle, und die Stechpalme setzt wieder ein: *... de Masten so scheev as den Schipper sien Been.*

Die Kakteen ordnen sich, und Klaus, ein mexikanischer Schwiegermutterstuhlkaktus, gibt den Vorsänger. Die Kakteen räuspern sich noch mal und: *Nun danket all un...*

Scheinwerfer, die die Wohnzimmerwand entlangkriechen. Die Besitzer waren nicht zum Wochenendbesuch bei Mama. Sie waren einkaufen.

Polarlichter

Polarlichter wünschen sich eine Diskokugel. Da werden Postkarten von ihnen verkauft, sie spielen Nebenrollen in Hollywood-Blockbustern, und Tausende machen sich jedes Jahr in völlig unwirtliche Regionen dieses Erdballs auf, um die Polarlichter persönlich zu sehen. Ein Blick in den Spiegel dann und wann täte bei all der Aufmerksamkeit gut.

Klar, sie haben das Wasser. Aber das ist kein richtiger Spiegel. Da schwappen Wellen, die die Ränder der Polarlichter verlaufen lassen. Außerdem sind Inseln im Weg. Die sind wie schwarze Löcher in der Spiegelung. So können sich die Polarlichter nicht richtig sehen. Deshalb die Diskokugel.

Mit einer Diskokugel könnten sie sich, so die Argumentation, mal in allen Facetten betrachten. Sie wollen sich doch nur mal ein Bild von sich machen. Die Polarlichter finden das völlig legitim. Sie machen schon seit Jahrhunderten jeden Abend eine Show, und bis jetzt haben sie dabei auf Wiederholungen

verzichtet. Es gibt so eine Art Best-of, aber das ist alles. Routine ist den Polarlichtern zuwider.

Heute mal Blau, morgen ein bisschen Grün dazu. Die Polarlichter haben so um die letzte Jahrhundertwende herum damit gerechnet, dass sich keiner mehr für sie interessieren würde. Da kamen die ersten Broadway-Shows auf, und die Polarlichter dachten: Okay, das war's dann jetzt. Warum sollte man in der Kälte stehen, wenn man sich stattdessen ein Musical ansehen kann? Sie irrten, die Polarlichter.

Die Mondlandung, Netflix und *The Force Awakens*. Die Leute kamen trotzdem. Mal mit dem Auto, mal dem Motorrad und manchmal mit Hurtigruten. Sie kamen ans Ende der Welt, nur um sie zu sehen. Hätten die Polarlichter jetzt eine Diskokugel, vielleicht noch ein Soundsystem dazu und eine Bar mit verschiedenen Bieren und ... Oder ein Konzert von U2. Die Polarlichter könnten sich vorstellen, das zu machen. Vielleicht kommt zu *Sunday, Bloody Sunday* nicht rot, aber das käme auf die künstlerische Leitung eines solchen Auftritts an. Grundsätzlich sind Polarlichter für alles offen.

Weltpremieren von Staubsaugerherstellern sind ebenso denkbar. If you can dream it, you can do it. So denken Polarlichter. Natürlich muss das Image passen. Aber das könnte man ja vorher abklären. Die Polarlichter sind die Letzten, die so was ablehnen. Sie nehmen sich die Zeit, auch tagsüber, wenn sie eigentlich schlafen müssten. Die zwei Stunden im Call nach NY weniger. Das ist kein Problem für die Polarlichter. Get the job done.

Dass die Polarlichter sogar eine Zusammenarbeit mit Staubsaugerherstellern in Betracht ziehen würden, zeigt vor allem eines: wie groß ihr Wunsch nach einer Diskokugel ist.

Postkarten

Die Postkarte war die wohl arroganteste unter den Postsachen. Immer ein keckes Foto, eine einsame Waldhütte, ein perlweißer Strand, manchmal Ruinen. Was auch immer sie zeigte, die Postkarte verstand es, sich mit einer gelungenen Fotografie in Szene zu setzen. Und so lag sie dann im Briefkasten. Neben ihr ein grauer Brief vom Finanzamt, hinter ihr der braune Umschlag von Mama. Da musste sie ja arrogant werden.

Ihr größter Vorteil war: Sie hatte Format. Nicht zu klein und nicht zu groß. Selbst ein »Viele Grüße!« sah auf der Postkarte nicht lieblos aus. Wetter, Essen, Stimmung. Fertig waren die Urlaubsgrüße. Ein weiterer Pluspunkt war das Porto.

Dann trat Whatsapp in ihr Leben.

Was früher ein paar unleserliche Worte und ein Rotweinfleck waren, übernimmt heute das Sonnenbrillen-Emoji. Am Anfang versuchte die Postkarte

POST CARD

noch, mit edlerem Papier und hochwertiger Fotografie gegenzusteuern. Der Erfolg aber ließ auf sich warten. Und während Urlauber heutzutage mit drei Cocktailglas-Emojis signalisieren, dass das Unternehmen Urlaub von Erfolg gekrönt ist, gilbt die Postkarte unter südlicher Sonne auf der Piazza vor sich hin. Der Tabakladen, vor dem sie steht, verkauft schon seit 1995 keine Briefmarken mehr. Wie soll bei solchen Bedingungen ein Comeback gelingen?

So wurde die Postkarte um die Nullerjahre herum nachdenklich. Sie blieb immer öfter im Ständer, nach drei Saisons wellten sich die ersten Exemplare. Nach langem Sinnieren ersann die Postkarte nun folgenden Trick, der in Postsachenkreisen noch immer lebhaft diskutiert wird. »Ausverkauf!«, schreien die einen, während die anderen loben, dass die Karte es durchaus versteht, mit der Zeit zu gehen. Statt auch noch die vierte Saison in der sengenden Sonne zu verschrumpeln, hat die Postkarte die Taktik gewechselt:

Sie zeigt drei Cocktailglas-Emojis.

Quallen

Quallen tun sich sehr schwer damit, Freunde zu finden. Nehmen wir einmal an, ein Hering hat sie im trüben Wasser der Nordsee übersehen und mit der Flosse touchiert. Die meisten Heringe rümpfen die Kiemen und schwimmen weiter. Dieser aber hört kurz auf, mit der Schwanzflosse zu wedeln, und versucht, die Qualle zu fokussieren. Dann sagt er: »Sorry, Mann! Die Wasserqualität ist echt zum Heulen, und …« Die Qualle kann es zuerst gar nicht fassen. Redet der jetzt mit ihr? Einer Qualle? Sie will gerade antworten, als er in der Brühe verschwindet.

Das ist der traurige Alltag im Leben der Qualle. Alles andere geht auf Automatik. Die Strömung treibt sie eben dahin, wo die Strömung sie hintreibt, und Plankton ist immer genug unterwegs. Am spannendsten ist es noch, manchmal aufzutauchen, um ein wenig in der Sonne zu liegen. Klar, dabei bügeln Krabbenfischer über sie, oder sie stößt gegen eine Steuerbordtonne. Aber sonst?

Ist es da verwunderlich, dass die Qualle gerne Freunde hätte? Aber egal, wie sie es anstellt – es soll einfach nicht sein. Der Ferienjob als Behelfsfrisbee am Strand von Pellworm? Einfach weggeworfen haben sie sie! Und dann der nächste Sommer ... Sie hat all ihren Mut zusammengenommen und sich als Spielzeug für Kleinkinder zur Verfügung gestellt. Zum Dank wurde sie mit einem blauen Schäufelchen begraben, und sie hatte es nur der Flut zu verdanken, dass sie aus der Nummer heil rausgekommen ist. Sie hat Stege in Yachthäfen probiert, die bis auf etwas Knarren unter Belastung wenig zu sagen hatten. Sogar im Hafen von Hamburg war sie, bei den Vorsetzen, und hat nach dem Hafengeburtstag wahllos abgesoffene Bierflaschen angesprochen. Mehr als ein Blubb kam da nicht.

Die Qualle ist der Verzweiflung nahe, schwimmt Krebsen hinterher, stöbert Schollen auf und versucht, im Brummen der Windradfundamente eine Syntax zu erkennen. Sie erklärt Kegelrobben, dass sie auch als Halbkugel eine geometrische Form hat. Sie heftet sich an U-Boote, versucht, einem verirrten Schweinswal die Richtung zum Atlantik zu erklären.

Nach langen Jahren und schier unendlichen Versuchen findet sie schließlich eine durchsichtige Plastiktüte. Auch die lässt sich von der Strömung mal hierhin, mal dahin treiben, und manchmal quillt sie auf, als wäre auch sie eine Qualle. Unsere Qualle treibt neben ihr her und erzählt ihr vom entbehrungsreichen Leben im Meer. So vergehen Tage, Wochen, Monate, und die Qualle fühlt sich nicht mehr so allein. Gut, die Tüte knistert ab und zu etwas verwaschen, und die Qualle muss zugeben, dass ihre neue Freundin nicht besonders gut zu verstehen ist. Aber zumindest hört sie zu.

Reisebüro

Der größte Fehler des Reisebüros ist, dass es sich die Globalisierung nicht hat patentieren lassen. Damals, in den sechziger Jahren des vorherigen Jahrhunderts, hat das Reisebüro als Erstes am Konzept der weltweiten Vernetzung gearbeitet. Die Ergebnisse waren vielversprechend, aber das Reisebüro hatte einfach keine Zeit. Ständig klingelte das Telefon, das Faxgerät spuckte eine Seite aus oder es waren Kunden da. Wie sollte es sich da um den Papierkram kümmern, den so ein Patentantrag mit sich bringt?

Heute denkt das Reisebüro manchmal an die vergebene Chance. Das passiert meist während der melancholischen Phasen. Vor der Tür wehen Blätter vorbei, aufgescheucht von Herbstwinden. Selbst die Strandszene auf der Neonanzeige über der Tür wirkt blässlich. Sie hängt schon seit zwanzig Jahren da, der Strand ist ausgeblichen, ein breiter Streifen Grau vor etwas dunklem Meer am Horizont. Die Mittagspause ist gerade durch, und noch hat sich kein Kunde blicken lassen.

Dabei ist das Reisebüro bestens vorbereitet. Es hat alles, um in der Globalisierung bestehen zu können. E-Mail? Was für eine Frage! Whatsapp, Twitter, Instagram! Das Reisebüro ist ein Global Player. Manchmal rufen Chinesen an, wer weiß, wo die die Nummer gefunden haben, die einen Platz im Hofbräuhaus reservieren wollen. Klar macht das Reisebüro das. Opentable, Bestätigung weiterleiten – Have a nice time in Germany!

Beim Reisebüro geht alles wie aus dem Effeff. Das sind Erfahrungswerte. Schon 1976 hat es das erste Mal mit Kuba gesprochen. Die Angestellte, Fräulein Paulsen, hatte sich all die englischen Worte, die sie sagen wollte, auf einen Zettel geschrieben. Grund ihres Anrufs: Sie musste in Erfahrung bringen, ob Touristen im Hotel Inglaterra willkommen seien. Sie hatte in keinem der Reisekataloge eine Antwort auf diese Frage erhalten, und die Müllers hatten im *Merian* davon gelesen. Also wählte Frau Paulsen die 12-stellige Nummer:

»Sí?«
»Hello?«
»Sí?«

»This is Germany calling!«
»Sí, Señora?«
»This is Paulsen from travel agency Mehr Meer.«
»Sí, Señora?«
»Do you speak English?«
»No.«

Solche Telefonate waren die Regel. Das Reisebüro erinnert sich noch gut an die Telefonkosten. Es hat vergessen, welches Jahr das war. Auf einmal mussten alle nach New York. Mein Gott, allein die Hotelreservierungen. Zum Glück hat das Reisebüro früh verstanden, dass am Anfang der Globalisierung hohe Investitionen stehen. Im dritten Jahr schaffte es gerade so den Break-even.

Dann kam das Internet. Zuerst fand das Reisebüro das noch aufregend. Die erste eigene Website, die erste Kundenmail und so. Dann aber verlor das Reisebüro das Interesse. Es war schon seit Jahrzehnten vernetzt, wusste Flugpreise auch ohne Google Flights. Klar, als die Müllers noch einmal in ihr Lieblingshotel Inglaterra wollten, nur noch einmal, bevor wir zu alt sind für so was, kam nach sieben Minuten die Buchungsbestätigung des Welcome Managers. Aber sonst? Bilder von Katzen.

In solchen Momenten ist das Reisebüro ganz froh, dass es den Patentantrag nicht gestellt hat.

Reiseführer

Ach, die Goldenen Zwanziger. Was für eine Zeit! Noch heute erzählen sich die *Marco Polos*, die *Lonely Planets* und die *Meriane* davon. Jeder Satz beginnt dann mit damals. Damals hießen sie noch alle *Baedeker*, waren eine große Familie. Sie gingen durch die Hände von Diplomaten, von Schriftstellern und Intellektuellen. Und sogar in den Salons der Schönen und Reichen waren sie ein gern gesehener Gast. Heute stehen sie alle zusammen auf einem Regal im Antiquariat und überlegen, was falsch gelaufen sein könnte.

Sie haben doch nie nachgelassen. Sie haben immer an sich gearbeitet, die Texte wurden genauer, sie führten durch immer neue, noch exotischere Länder. Und erst die Abbildungen! Am Anfang waren das noch Zeichnungen, dann die ersten Schwarz-Weiß-Fotos, sicher, das waren schwierige Zeiten. Na, und die ersten Farbfotografien, okay, das war nicht das Gelbe vom Ei. Aber dann: DIGITALDRUCK! Fotos mit Abertausenden von Pixeln, dazu unterhaltsame Texte

zu Kultur, Geschichte, Hotels und Restaurants. Ganz schwindelig werden konnte es einem da.

Und was ist der Dank? Antiquariat, das Regal ganz hinten. Ab und zu staubt sie mal einer ab, aber ansonsten ist nicht viel los. Also erzählen sie sich gegenseitig von fernen Ländern und Kulturen, und wenn ein Stadtreiseführer Hamburg dabei ist, wird ihr Wissen über die Hanse aufgefrischt. Ansonsten werden Hotels verglichen, gerne auch in Quartettformat, wer hat die meisten €€€€-Zeichen, wie viele Sterne, Höhe von Kirchtürmen und so weiter.

Wenn sie Glück haben, kommt alle Monate mal wieder ein neuer dazu. Die Reiseführer sind dann ganz aufgeregt und fragen sich, um welches Land es wohl diesmal geht. Bitte nicht schon wieder Kuba, mit den elendigen amerikanischen Oldtimern und dem Buena Vista Social Club. Davon hatten sie letztes Jahr schon drei. Und auf den *Lonely Planet Australia*, ein Muss für Backpacker in den neunziger Jahren, haben sie auch schon keine Lust mehr. Sie können die *Places to Stay* und *Things to Do* schon mitsingen.

Bei jedem Neuankömmling halten sie den Atem an. Thailand? Wanderungen in der Toskana? Die unbekannte Côte d'Azur? Einmal kam ein schmaler Band namens *Altertum im Abendlicht* dazu. Der Arme war eigentlich ein prosaischer Städteführer für Athen, aber das, was er erzählte, schien den anderen Reiseführern wenig plausibel. Der Städteführer erzählte von einer Basis auf dem Mond und einer jungen Adeligen in Cornwall, die ihr Leben der Liebe hingegeben hatte. Seltsamerweise konnte er keine der bohrenden Fragen der Reiseführer beantworten. Er wusste nicht mal, wie viele Betten es in der Mondbasis gab und wie groß die Statue der jungen Adeligen war.

Erst Jahre später stellte sich heraus, dass der Besitzer des Antiquariats den Reiseführer versehentlich zwischen Science-Fiction und einen Schundroman einsortiert hatte.

Ruinen

Von allen Häuserarten sind die Ruinen wohl die glücklichsten. Ein gutes Beispiel dafür ist die kleine Ruine in den Bergen Albaniens, die die Schneelast und den Wind der letzten winterlichen Sturmnacht nicht überlebt hat. Nachdem die Scheune in sich zusammengefallen war, gewöhnte sich die Ruine schnell an ihr neues Dasein.

Dass die kleine Ruine ihr Leben als Scheune so schnell vergessen konnte, liegt an einer Postkarte. Ihr Besitzer hatte es sich zur Gewohnheit gemacht, Postkarten von Verwandten mit einem für diese Zwecke völlig überdimensionierten Nagel an den Balken neben der Scheunentür zu fixieren. Es gab Grüße aus Tirana, den albanischen Stränden Dhërmi und Lukova. Einige der Verwandten hatten sich sogar bis Kroatien vorgewagt. Onkel Enver, der in Tirana ein hohes Tier war, sendete Grüße aus Rom. Als die kleine Ruine – damals noch in Scheunenform – die Karte sah, verstand sie noch nicht, warum über der Fotomontage von

Kolosseum, Trajansforum und Palatin stand: Grüße aus der Heiligen Stadt!

Dazu musste sie erst selbst Ruine werden. Jetzt, wo mit jeder Bö ein weiterer Stein des ehemaligen Giebels fällt und sich ein Igel an der letzten noch stehenden Ecke sein Sommerquartier gebaut hat und seine Stacheln die Dachbalken kitzeln, versteht die kleine Ruine Rom. Es muss das Paradies auf Erden sein. Ruinen, für die Menschen sogar Eintritt bezahlen.

Nachts, wenn sich Stille über die Gipfel legt und selbst der Igel nicht mehr raschelt, träumt die kleine Ruine von einem Platz zwischen ihren Ahnen. Sie ahnt nichts von den Ruinenfeldern Palmyras, von den Fundamenten von Pompeji, nichts von der griechischen Millionenstadt, über der ein ruinierter Tempel thront. Der kleinen Ruine würde ein Plätzchen im Trajansforum reichen. Alternativ könnte sie sich sogar vorstellen, als Kassenhäuschen für das Kolosseum zu fungieren.

Sehenswürdigkeiten

Sehenswürdigkeiten treffen sich einmal im Jahr zum Kongress in Las Vegas. Der Grund dafür liegt auf der Hand. Alles, was in der Welt der Sehenswürdigkeiten Rang und Namen hat, ist in Vegas vertreten.

Es sind aber nicht die Nachbauten, die die Sehenswürdigkeiten in die Wüste von Nevada locken. Sie sind wegen der Elvis-Imitatoren hier.

Sehenswürdigkeiten lieben *Love Me Tender*. Sie finden die Liveversion in der *Ed Sullivan Show* akzeptabel, die Originalaufnahme aber würden die Sehenswürdigkeiten sofort in ihre Reihen aufnehmen.

Auch die Gizeh-Pyramiden treten jedes Jahr (nächstes Jahr ist 4000-Jähriges) die weite Reise an. Natürlich sind auch die Pyramiden Elvis-Fans. Im Gegensatz zu den anderen Sehenswürdigkeiten aber ist nicht *Love Me Tender* ihr Lieblingslied, sondern *Blue Suede Shoes*.

WELCOME
TO Fabulous
LAS VEGAS
NEVADA

Tagesordnungspunkt 2:

Verteilerschlüssel für die Eintrittsgelder (Stichwort: Palmyra)

Während die Sehenswürdigkeiten auf dem Kongress eigentlich über aktuelle Entwicklungen sprechen wollten, diskutieren sie jetzt lieber über Elvis-Imitatoren. Wer ist der beste Sänger-Imitator von *Love me tender*? Die Pyramiden sind der Meinung, dass ein Imitator, der *Love Me Tender* gut singen kann, auch automatisch der beste Imitator für *Blue Suede Shoes* ist. Da braucht es eine andere Elastizität im Körper, die die vielen Alten, die *Love Me Tender* zugegebenermaßen gut machen, nicht mehr haben.

Jerusalem ist auf ABBA gestoßen. *Take a Chance on Me*. Klar, das ist kein Elvis. Aber nicht so schlecht, findet Jerusalem. Die Weihnachtslieder gefallen Jerusalem natürlich auch. Leider interessiert sich keine der Sehenswürdigkeiten für Jerusalems Entdeckung.

Tagesordnungspunkt 4:

Aufnahme der untergegangenen Weltwunder in die Reihe der Sehenswürdigkeiten

Die Freiheitsstatue winkt ab. »Nicht die schon wieder. Vom Koloss von Rhodos sind nur ein paar Steine übrig.«

»Was soll das denn heißen?«, fragt Pompeji.

Die Sehenswürdigkeiten beschließen, die Tagesordnungspunkte 5 bis 9 morgen zu machen. Der Eiffelturm wirft Elvis the Pelvis als besten Imitator für *Love Me Tender* ins Rennen. Elvis the Pelvis? Die Pyramiden werden hellhörig. Der hat die nötige Körperspannung. Von Elvis the Pelvis haben die Pyramiden mal eine gute Version von *Blue Suede Shoes* gehört.

Während die anderen Sehenswürdigkeiten losziehen, hört Jerusalem die Greatest Hits von ABBA. *SOS* ist Jerusalems neues Lieblingslied.

Skipisten

Skipisten haben ein Farbproblem. Ihnen wurde, in ihren Augen teilweise zu Unrecht und nur aus Geldschneiderei, eine Farbe gegeben. Nun haben sie ihr Leben lang auszubaden, was andere – als Beispiel seien hier nur Direktoren von Skigebieten genannt – ihnen angetan haben.

Die blaue Piste etwa hätte sich eine einladendere Farbe gewünscht. Blau ist viel zu kühl, findet sie. Immerhin soll sie ja die Jüngsten und den Skinachwuchs anlocken. Da wäre sonnengelb viel besser. Zudem fühlt sich die blaue Piste oft übergangen und ist fest davon überzeugt, dass das an ihrer Farbe liegt. Auf Schildern sticht das Rot der oft benachbarten Piste viel mehr heraus und kann auch bei schwierigen Sichtbedingungen – Schnee soll ja auf Skipisten keine Seltenheit sein – sofort erkannt werden.

Wenn die rote Piste das wüsste ... Die nämlich hadert nicht nur mit ihrem Bekanntheitsgrad, sondern auch mit ihrer Farbe. Es ist die der Feuerwehrautos,

Notbremsen und Lippenstifte, was für die rote Piste ein Problem darstellt. Da die meisten Skier sich für sie entscheiden, ist die Piste am Ende eines Tages in der Hauptsaison total zerfahren. Klar, die schwarze Piste trauen sich viele nicht, und keiner würde vor seinen Freunden zugeben, dass die blaue Piste eigentlich gerade richtig für sie wäre. Also rein ins Rot. Und dann passieren Unfälle, die rote Piste mag gar nicht dran denken, was sie schon alles gesehen hat. All die Knochenbrüche und das Blut ... Und das, obwohl Rot eine Warnfarbe ist. Es gibt nur eine Hoffnung im Leben der roten Piste: dass sie irgendwann so runtergefahren ist, dass sie eine schwarze Piste wird.

Malt doch gleich noch einen Totenkopf dazu, denkt die schwarze Piste, wenn es um ihre Farbe geht. Während auf der roten Piste die Hölle los ist, hat sie wieder nur ein paar Besucher. Darunter ein sogenannter Vollprofi mit teurem Equipment, der nicht hier ist, um Ski zu fahren, sondern um den anderen zwei Anwesenden zu zeigen, was für ein Hecht er ist. Und das bei überfrorener Piste. Klar, bei solchen Bedingungen landet ab und an mal der Hubschrauber der Bergwacht, dann ist es für fünf Minuten spannend. Der Rest ist Langeweile. Und wer ist schuld? Die

Farbe! Trauerfarbe, Bestattung, schwarzes Loch und schwarzer Tod. Die schwarze Piste weiß, dass sie ein Imageproblem hat.

Jedes Jahr im Sommer vergessen die Pisten ihre Farbprobleme. Erstens ist keiner mehr da, der auf die Beschilderung schaut. Und zweitens sind sie alle grün.

Sonnencreme

Das Leben der Sonnencreme besteht hauptsächlich aus Warten. Eigentlich wird es nur zweimal richtig aufregend, einmal am Anfang, das andere Mal am Ende. Die Sache beginnt in der Abfüllanlage. Kurz nachdem die Sonnencreme in ihre neue Flasche gefüllt wurde, hegt sie noch große Ambitionen. Ich werde hervorragend vor der Sonne schützen, denkt sie bei sich, und auch bei 30 Grad und verschwitzter Haut noch einen exzellenten Job machen. Ein wenig Übermut ist der Sonnencreme an dieser Stelle nachzusehen, schließlich stehen auf dem Etikett allerhand Versprechen, die die Sonnencreme natürlich glaubt. Die bittere Wahrheit erfährt sie, sobald sie in finstere Kartons abgepackt und zum Drogeriemarkt geliefert wird.

Dann nämlich wird es erst mal ganz dunkel. In Paketen gestapelt geht die Sonnencreme ihrer Bestimmung entgegen. Und da das ganz schön lange dauern kann, muss sie sich einen hübschen Zeitvertreib überlegen. Nun können Sonnencremes aufgrund ihrer Konsistenz schlecht *Vier gewinnt* oder *Mensch ärgere dich nicht* spielen. Deshalb macht sie Gedächtnisübungen. Quadratzahlen, amerikanische Präsidenten seit 1776, Schillers *Glocke*, solche Sachen eben. Ist sie endlich im Drogeriemarkt angekommen und hat ihren Platz im Regal erobert, fängt das Warten auf den Käufer an.

Ist das endlich geschafft, beginnt der wohl aufregendste Teil in ihrem Leben: der Urlaub. Noch muss sie sich etwas gedulden, weil viele Menschen sie heutzutage mit ein paar Wochen Vorlauf besorgen. Also lungert die Sonnencreme im Badezimmer herum, geht noch mal *Die Glocke* durch, und dann, dann geht es endlich in den Flieger. Oder vielmehr: erst mal in den Koffer und dann in den Flieger. Am Urlaubsort angekommen, wird sie gleich am ersten Strandtag dick aufgetragen, weil der Urlauber noch käseweiß ist. Die Sonnencreme gibt ihr Bestes. Sie riecht angenehm, zieht schnell ein und verschmiert nicht; sie lässt sich auch durch längere Aufenthalte im Meer nicht abwaschen. Als sich abends die erste, schüchterne Bräune auf der Haut des Urlaubers zeigt, hat die Sonnencreme ihren Job gemacht.

Ob sich dafür die Quälerei mit den Quadratzahlen gelohnt hat?

Sonnenschirm

Obwohl der Sonnenschirm die Sonne sogar im Namen trägt, hat er ein schwieriges Verhältnis zu ihr. Was verständlich ist, denn die Sonne brennt ihm ständig auf den Pelz. Morgens, mittags, abends und in abgelegenen Polarregionen sogar mitten in der Nacht. Wenn Urlaubern die Sonne zu unerbittlich wird, legen sie sich unter einen Sonnenschirm. Aber unter was legt sich der Sonnenschirm?

Die Frage ist schnell beantwortet, denn es soll Sonnenschirme geben, denen Markisen den Rücken freihalten. Zudem gibt es Berichte aus entlegenen Bergregionen, in denen von Felsvorsprüngen und Nordwänden die Rede ist, die den Sonnenschirm zumindest für bestimmte Tageszeiten vor den schlimmsten Strahlen schützen. Das aber sind Ausnahmen.

Die Regel ist brutal: bis zu 18 Stunden Hitze. Da steht der Sonnenschirm, und wenn er nicht gleich in den Boden einbetoniert wurde, dann hindert ein mit

250 Liter Wasser gefüllter Ständer ihn daran, sich ein schattiges Plätzchen zu suchen. Das nennt man einen Klotz am Bein. Wenigstens wässern könnte man ihn mal, denkt sich der Sonnenschirm. Aber was passiert? Der unansehnliche Bambusstrauch wird dreimal am Tag gegossen. Und wenn die Sonne zu arg brennt, wird er unter den Sonnenschirm geschoben.

In solchen Momenten träumt der Sonnenschirm vom Winter. Da darf er im Gartenhäuschen oder in der Garage vor sich hin klappern, während Spinnen unter seiner Obhut ein neues Zuhause finden und er Bekanntschaft mit dem Schimmel an der Garagenwand macht. Egal. Hauptsache Schatten.

Souvenir

Das beliebteste Mitbringsel Schwedens ist nicht etwa das Knäckebrot oder ein Aschenbecher aus mundgeblasenem Glas, sondern das Streichholz.

Streichhölzer sind nicht zu lang und nicht zu kurz, sie brennen nicht sofort, aber brauchen auch nicht lange, um zu fackeln. Ursache dafür ist, dass die Schweden ein praktisch denkendes Volk sind. Sie halten nicht viel von Feuerzeugen, deshalb haben sie das Streichholz erfunden. Neben dem Feuer, das ein Streichholz spendet, hat es noch viele andere Vorteile. Der Feuerstein kann nicht kaputtgehen, und es gibt keine Feder, die bei unsachgemaßem Gebrauch herausspringen könnte. Auch müssen Streichhölzer nicht nachgefüllt werden. Wenn die Schachtel leer ist, ist sie leer.

Streichholzbasteln gehört zu den populärsten Hobbys der Schweden. Damit leisten sie einen bedeutenden Beitrag zum Bruttosozialprodukt ihres Landes, denn es hält die Forstindustrie am Laufen, da viele schwedische Bäume abgeholzt werden müssen, um daraus Streichhölzer zu basteln.

Jeder, der mal sonntags durch den nahe gelegenen Forst flaniert ist, kann sich vorstellen, dass Streichholzbasteln ein Hobby für geduldige Menschen ist. Da stehen große Bäume, die nur auf einen handwerklich begabten Schnitzer warten, der lange Winterabende damit verbringen will, sie zu Kleinholz zu machen. Wenn diese Schnitzer nicht in Schweden leben, geben sie sich traditionsbewusst. Sie machen eine Kassette mit Elchbrunftschreien an, lehnen sich zurück und denken an Knäckebrot. Dann greifen sie zum Messer und schnitzen und schnitzen und schnitzen, nehmen einen Schluck vom schwedischen Lättöl mit zwei Volumenprozenten und schnitzen weiter.

Vor ihrem geistigen Auge entsteht eine Fjordlandschaft. Vor dem realen ein Streichholz. Dieses ernüchternde Ergebnis holt sie in die Wirklichkeit zurück. Bald merken sie, dass das Ergebnis gar nicht ernüchternd war. Das Bier hat sie nur nicht betrunken gemacht.

Strand

Von allen Landstrichen ist der Strand der wohl unzufriedenste. Trotz seines Rufes hat er das Gefühl, zwischen den Stühlen zu sitzen. Da machen sich Millionen von Menschen Jahr für Jahr auf den Weg, steigen in Aluminiumröhren und lassen sich mit Getränken aus Kleinstverpackungen abspeisen, nur um endlich, endlich an den Strand zu kommen. Der Betroffene kann diese Aufregung nicht wirklich nachvollziehen.

Der Grund für die Unzufriedenheit des Strandes ist von außen betrachtet eine reine Formalie. Vor allem auf Inseln liegt er meist zwischen Meer und Felsen, zwei Landstricharten, die ihre Gestalt schon seit Jahrtausenden gefunden haben. Das Meer schwappt so vor sich hin, und wenn es wütend wird, kann es aufbrausend werden.

Dem Felsen geht es ganz ähnlich. Wenn er als Gebirge auftritt, baut er sich gerne imposant vor dem Betrachter auf und zwingt seine Besteiger in Extremfällen zur Einnahme von zusätzlichem Sauerstoff. Wie das Meer lungert auch der Felsen schon seit Anbeginn der Zeitrechnung genau da, wo er auf den frühesten Karten der Menschheit eingezeichnet ist. Vielleicht verliert er mal ein paar Brocken, aber sonst ändert sich nicht viel. Nur am Meer nagt die Brandung am Fundament, aber die drei oder vier Zentimeter im Jahr lassen sich verschmerzen.

Doch zurück zum Dilemma des Strandes. Er findet einfach nicht zu sich. Das Meer reißt an der einen Seite, auf der anderen versperren die Berge das Weiterkommen. Und erst der Wind. Er schiebt ein paar Dünen zur Seite und bringt die Sandkörner, für die der Strand gerade den besten Platz gefunden hatte, mit einer Böe durcheinander. Hunden und Menschen scheint es gänzlich egal zu sein, was mit dem Strand geschieht. Sie bedecken ihn mit Handtüchern, pinkeln in Pinienwälder und machen mit blauen Schäufelchen die gerade gefundene innere Ruhe zunichte. Und erst die Sandburgen! In mühsamer, teils jahrelanger Kleinstarbeit hat der Strand den Sand so verteilt, dass er Wind und Wasser möglichst wenig Angriffsfläche bietet. Und dann kommen verhinderte Architekten und türmen ihn meterhoch auf.

Wenn es so weitergeht, wird der Strand in nicht allzu ferner Zukunft gänzlich im Meer verschwinden. Die Teile des Strandes, die diesen Schritt schon gewagt haben, sind sehr zufrieden mit ihrer Entscheidung. Am Meeresboden werden sie selten gestört. Nur etwas herabsinkendes Plankton, dazu ein paar Würmer und Krebse, die etwas kitzeln. Wunderbar.

Supermarkt

Das Leben des Supermarkts ist ein Balanceakt. Er muss die Türen öffnen, das Drehkreuz muss funktionieren, und die Kassen wollen mit Strom versorgt sein. Das Gleiche gilt für die Kühlschränke in der Fleischabteilung. Er darf da nicht nachlassen, konstant vier Grad.

Wenn der Supermarkt schon ein paar Jahre auf dem Buckel hat, hinterlässt die Zeit ihre Narben. Da sind die Beulen an den Regalen, die im Winter, wenn es auch im Süden regnet, Rost ansetzen. Mal von optischen Nachteilen abgesehen, spürt der Supermarkt jedes noch so kleine Bläschen. Am schlimmsten ist es, wenn sie aufplatzen. Die Regale knacken dann manchmal vor Schmerz oder verziehen sich. Linderung bringt der Hausmeister mit einem Töpfchen Rostschutzfarbe.

Und dann sind da noch die Touristen. Sie fahren rücksichtslos mit ihren Mietwagen über die losen Pflastersteine auf dem Parkplatz. Das ist zum Glück nicht mehr Hoheitsgebiet des Supermarkts, aber der

Supermarkt kann sich vorstellen, wie sehr der Parkplatz leidet. Allein wenn die Steine schief in die Erde gedrückt werden. Wenn wenig los ist, schließt der Supermarkt kurz die Türen, weil er es nicht mehr mit ansehen kann.

Doch auch der Supermarkt selbst ist von Touristen betroffen. Sie sind die engen Gassen zwischen den Regalen nicht gewohnt, stoßen überall an und sorgen dabei oft für Glasschäden. Mal ist es ein Glas Oliven, mal die Erdbeermarmelade aus Umbrien. Außerdem fällt dem Supermarkt auf, dass sie nicht so einkaufen wie die Einheimischen. Während es bei den Einheimischen schnell gehen muss und sie höchstens an der Kasse mit Giacomina plaudern, schlendern die Touristen. Sie biegen völlig irrational ab, schieben ihren Einkaufswagen entgegen der Fahrtrichtung und bleiben abrupt stehen. Meistens vor dem Weinregal. Dass sie mit ihrem Wagen dabei das Regal touchieren, ist den Touristen egal. Sie sind ja im Winter nicht hier. Die rostigen Stellen werden rechtzeitig zur Saison neu überstrichen.

Der Supermarkt ist jedes Jahr wieder froh, wenn die Saison vorbei ist und der Alltag zurückkehrt. Maria, die mit Giacomina über die Zwillinge redet. Rosaria, die eine neue Espressokanne für die Ferienwohnung kauft und noch zwei Artischocken für das Abendessen mitnimmt. Auf dem Parkplatz machen die Einheimischen um die Schlaglöcher, die die Touristen hinterlassen haben, einen weiten Bogen. Und weil so wenig los ist, macht der Supermarkt drei Stunden früher zu. Er ist dankbar, dass seine Türen geschlossen bleiben.

Dann ist auch auf dem Parkplatz Ruhe.

Taxen

(oder Das Schlagloch)

Da kommen Sie um 7.45 Uhr in JFK mit British Airways 844 aus London an und haben ein Anschlussmeeting um 9 Uhr, Downtown an der Ecke zur Fünften. Also nehmen Sie ein Yellow Cab, einen alten Ford, der die meisten Schlaglöcher der Stadt persönlich kennt. Am Anfang hat er sich noch aufgeregt, weil es so auf die Federbeine ging. Inzwischen stört ihn das nicht mehr. Er hat sogar ein paar Freunde unter den Schlaglöchern gefunden.

Zum Beispiel das am Times Square. Sie machen es immer mal wieder zu, wenn sie einen neuen Bürgermeister haben. Aber das Taxi weiß noch ganz genau, wo es war. Da ist ein Phantomzucken im Federbein, immer an der gleichen Stelle. So ziemlich genau zum Ende der Amtszeit des Bürgermeisters feiert das Schlagloch sein Comeback. Es erreicht langsam wieder die alte Tiefe und erarbeitet sich mühsam aufs Neue den Respekt der Autos.

TAXI

Dem Taxi bleibt nie viel Zeit für eine Unterhaltung mit dem Schlagloch. Es ruft nur »Hi!« oder »Howdy!«, wenn es vorbeirollt. Manchmal klagt das Taxi auch über den Verkehr. Aber davon kriegt das Schlagloch nur: »Scheiß …!« mit. Trotzdem sind sie sich sympathisch. Nach Regennächten freut sich das Taxi darauf, durch die Pfütze im Schlagloch zu fahren. Und das Schlagloch erkennt inzwischen den herunterhängenden linken Scheinwerfer des Taxis schon aus der Ferne. Er sieht so aus, als würde er dem Schlagloch zuzwinkern.

Da die Welt leider nicht perfekt ist, gibt es auch Schlaglöcher, um die das Taxi einen weiten Bogen machen würde, wenn es denn könnte. Da ist ein Schlagloch im Hafen, hier ist das Taxi nicht oft, aber die Erinnerung ist so schmerzhaft, dass es den Ausflug so schnell nicht vergessen wird. Im grauen Beton hat das Taxi das Schlagloch viel zu spät gesehen. Da ist wohl mal ein Container auf der Ecke gelandet. Das linke Vorderrad passte genau rein. Seitdem ist das Bodenblech vorne links verbogen. Es fängt schon an zu rosten, und das Taxi fragt sich, ob die Bremsleitung nicht etwas abbekommen hat. Zudem zieht es im Rad vorne links, und das Taxi fürchtet, dass die Spurstange einen mitgekriegt hat.

Viel besser sind Pfützen. An denen hatte das Taxi schon als Neuwagen Spaß, sogar schon als der Motor noch eingefahren wurde. Im Winter jedes Mal das Knistern, wenn es über die dünne Eisschicht fährt. Und im Sommer eine Abkühlung. Jetzt noch einen Eiswürfel für das Kühlwasser, dann wäre es perfekt.

Türkis

Türkis befindet sich schon seit einiger Zeit beim Farbpsychologen in Behandlung. Eine Stunde pro Woche, mehr schafft Türkis einfach nicht. Der Psychologe hält mehr Sitzungen, Montag, Dienstag, Donnerstag und Freitag, für dringend angeraten. Türkis ist ein schwieriger Fall.

Am Anfang der Behandlung stand das Problem, dass Türkis schon seit zwölf Jahren nicht mehr Farbe des Jahres war. Was sollte ein Doktor der Farbpsychologie dazu sagen? Dieses Jahr, schob Türkis hinterher, ist Lavendel FdJ. Türkis verwendete die Abkürzung, weil sie anfangs fast nur über die Farbe des Jahres sprach. Der Doktor wusste schon früh, dass Türkis' Problem woanders lag. Er hatte schon viele Farben behandelt.

Und erst die Rechtfertigung: Die haben Lavendel mit einem zuckrigen englischen Namen aufgehübscht! Bitte, das bisschen Provence, in dem Lavendel zu Hause sei. Türkis, argumentierte Türkis,

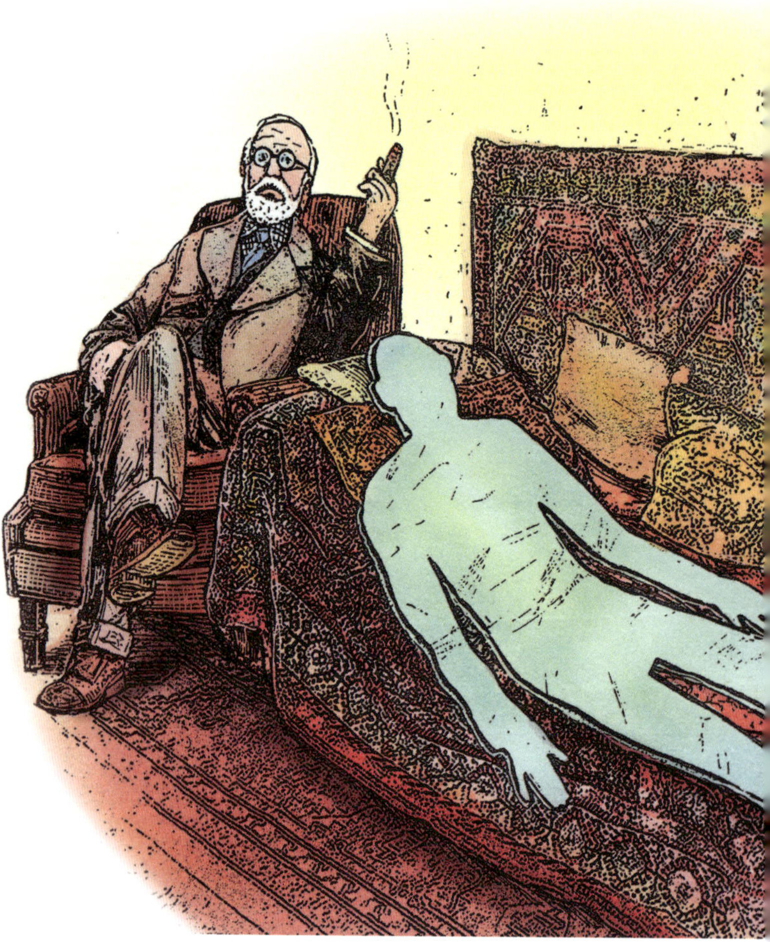

sei auf der ganzen Welt zu Hause. In den Schaufenstern der Schmuckläden an der 5th Avenue, es sei in Zusammenarbeit mit Traumstränden in allen Regionen der Erde vertreten. Es gebe unzählige Postkarten, die das beweisen und ...

Ist Ihnen eigentlich bewusst, dass Türkis in der Farbpsychologie als kalte Farbe gilt?, fragt der Farbpsychologe dazwischen.

Darum geht es doch nicht. Mal ernsthaft: Lavendel? Als FdJ? Welche Farbe hatte denn das ägyptische Amulett aus der Zeit der Pyramiden? Die Schalen der Perser? Zwölf Jahre, ereiferte sich Türkis. Es hätte die Auszeichnung als FdJ mehr als verdient. Allein schon für das Lebenswerk und ...

Der Doktor dachte an die Sitzung mit Sonnengelb am Vormittag. Wie naiv es war. Er hatte versucht, es Sonnengelb zu erklären: Es ruft doch fröhliche Reaktionen hervor. Warum wollte es da Interieur-Trendfarbe werden? Weil, weil ... hatte Sonnengelb begonnen. Weil alle mich sehen und sich freuen. Aber niemand – an dieser Stelle hatte der Doktor Sonnengelb ein Kleenex gereicht – will mich zu Hause haben.

Aber sie haben dich doch zu Hause, Sonnengelb, wand der Farbpsychologe ein. Jedes Mal wenn ein Sonnenstrahl durch das Fenster fällt etc. pp.

Türkis war inzwischen beliebt bei Moscheen oder Mausoleen. Der Doktor hätte ab jetzt mitsprechen können, so oft hatte er die Geschichte schon gehört. Gleich kommen die Malediven, dann die Rennräder, italienischer Stahl, nicht Colnago, nein, da lackieren Blinde.

Der Doktor stellte die gleiche Diagnose wie bei Pink. Die fing immer mit den Miami-Vibes an, Flamingos und so, Crockett und Tubbs. Genauso wie Pink verstand auch Türkis nicht, dass seine Zeit abgelaufen war. Der Doktor versuchte, die Sache pragmatisch zu lösen. Nach einigem Überlegen entschied er sich für eine Überweisung an den Psychiater für Pink. Und etwas Gelb für Türkis. Vielleicht klappt's ja noch mal mit der FdJ.

Urlaubsfotos

Urlaubsfotos haben ein sehr schlechtes Erinnerungsvermögen. Früher, als sie noch Papierabzüge waren, ist das nicht so aufgefallen. Selbst wenn sie von Pergament geschützt wurden, wurden sie von Jahr zu Jahr blasser. Zum Glück glaubte der Besitzer der Fotos, das läge am Papier. Oder an der Chemie. Irgendwann war das Bild ausgeblichen, ein gelbliches Rechteck nur noch, auf nachgedunkelten Seiten. Und niemand kam auf die Idee, dass Urlaubsfotos einfach ein schlechtes Gedächtnis haben.

Und mal ehrlich: Ist das so erstaunlich? Wissen Sie noch, was Sie am 17. August des Jahres 1986 unternommen haben? Einen Ausflug in den Wildpark? Oder war das ein Strandtag? Nee, warte mal. War '86 nicht das Jahr mit der Sommergrippe? Sehen Sie, bei Ihnen funktioniert das auch nicht mehr so richtig. Warum sollte das bei Urlaubsfotos anders sein?

Zumal Urlaubsfotos die ganze Chose ja nur aus zweiter Hand mitkriegen. Als Momentaufnahmen

kriegen sie das Geschrei der Kinder nicht mit, wenn Mama das blaue Schäufelchen vergessen hat. Und das Drama beim Eincremen. Und die Pommes, die auf dem Trampolin wieder hochgekommen sind? Das Urlaubsfoto hat davon keine Ahnung. Es kennt nur: die beiden Kleinen, noch mit Speichelspur im Gesicht, und davor das neue Schäufelchen. Insgeheim ist das Urlaubsfoto ganz froh, dass es sich das ganze Vor- und Nachher nicht auch noch merken muss.

Es verblasst einfach weiter. Aus Figuren werden Umrisse, die mit dem Meer verwaschen. Das Meer verliert Blau, mit jedem Jahr ein bisschen mehr. Ein Meer aus Stein, so sieht es nach vierzehn Jahren aus. Das Urlaubsfoto kann das einfach nicht besser, mehr gibt das Gedächtnis nicht her. Selbst das blaue Schäufelchen sieht aus wie ein Werkzeug aus der Steinzeit. Einzig an den Strand kann sich das Urlaubsfoto noch erinnern. Wegen der Wärme des Sandes.

Wenn man mit dem Finger über das Urlaubsfoto fährt, kann man sie noch immer spüren, die Wärme.

Wandern

Das Schönste am Wandern sind die Pilze. Wenn man ohnehin auf den Weg schauen muss, der aus feinem Geröll besteht, und so Kilometer für Kilometer vor allem grau sieht, freut man sich über ein wenig Abwechslung. Ein Steinpilz ist schon viel besser als nur Steine.

Laut einer repräsentativen Umfrage des Wanderverbands antwortete eine knappe Mehrheit der Befragten, dass sie »ab und zu« nach Pilzen Ausschau halten würden. Eine Minderheit gab an, »regelmäßig« nach Abwechslung in Pilzform zu suchen. Der Rest (immerhin 30 Prozent) antwortete: »Verstehe die Frage nicht.«

Die Pilzschau beginnt auf längeren Wanderungen meist ab Kilometer neun. Der durchschnittliche Wanderer ist dann leer geredet. Er konzentriert sich auf das Terrain vor ihm. Manchmal sind Felsen im Weg, dann wieder Büsche, Zäune, Kühe oder Wirtschaften. Er hat keinen Blick mehr für die Erhabenheit der

Natur, den Zweitausender im Licht der Abendsonne. Er sieht seine Füße Schritt um Schritt machen. Und Pilze.

Sie sind grau, braun und beige. Viel gibt es nicht zu sehen. Nur einen Hut, und wenn der Wanderer anhält und sich herunterbeugt, den Stiel. Den Pilz machen solche Blicke fuchsteufelswild. Dass die Wanderer das nicht verstehen: Der Pilz trägt extra einen so breiten Hut, damit man den Stiel nicht sieht. Und dann die Tarnfarben. Pilze wollen übersehen werden.

Stattdessen gibt es Bücher über sie. Darin sind sie meist von der Seite abgebildet, damit der Leser ihren Stiel sehen kann. Zum Glück sind das meistens nur Zeichnungen, wenn's gut läuft sogar nur in Schwarz-Weiß. Leider sieht der Pilz seit letzter Saison immer öfter Wanderer, die Pilzbestimmungsbücher mit Farbfotografien benutzen. Eines davon lag mal neben einem Steinpilz im Gras. Er hat versucht, sich nichts anmerken zu lassen.

Wenn Wanderer die Gefühle eines Pilzes verletzen wollen, verwenden sie eine Pilz-App. Sie fragen nicht mal, ob sie ein Foto machen dürfen. Da wird wild drauflos geshootet, wegen der Dunkelheit am Waldrand gern auch mal mit Blitz. Etwas Entwürdigenderes kann sich der Steinpilz nicht vorstellen.

Angeblich soll es Millionen solcher Fotos wie von denen im Pilzbestimmungsbuch geben. Bei Google oder im Internet, so richtig hat der Steinpilz das nicht verstanden. Dann hat er die Bilder gesehen. Fast alle davon zeigen den Stiel. Nachdem sich der Steinpilz von dem Schock erholt hatte, sprach er über sein Netzwerk seinen Nachbarn, einen älteren Steinpilz, an. Er war alleinstehend.

Internet? Google? Steinpilz senior verstand kein Wort. Der Jüngere versuchte, ihm das mit der Pilz-App zu erklären. Wieder ein sachtes Schütteln des Hutes. Pilzbestimmungsbücher?, versuchte es der Jüngere noch einmal.

Drei Tage später stand plötzlich ein Wanderer vor Steinpilz senior. Ein Blitzen, aber noch bevor der Senior realisieren konnte, was mit ihm geschah, sorgte ein Küchenmesser für sein Ende.

Wohnmobile

Wohnmobile haben kein Zuhause. Das liegt daran, dass sie nirgendwo so richtig hinpassen. Für Garagen sind sie überdimensioniert, Carports müssen kostspielige Spezialkonstruktionen sein. Wenn sie irgendwo geparkt sind, stehen sie meist im Weg. Sie stören die Sicht, engen Straßen ein, und selbst wenn sie auf großzügigen Auffahrten stehen ... Sie gehören einfach nicht dazu.

Auf der Auffahrt vor einem Mittelklassehaus geparkt, wünschen sie sich einen Platz unter dem Carport. Klar, da stehen der Benz und der Zweitwagen, und am Rand ist noch für Rasenmäher und Schubkarre Platz. Das Wohnmobil fühlt sich, als habe man es im Regen stehen lassen. Es sieht die warmen Lichter im Haus, während die Schneeflocken leise auf seine Aluminiumhaut rieseln. Drinnen Kerzenschein, wahrscheinlich flackert ein Kamin. Die Standheizung des Wohnmobils aber wurde schon vor Monaten abgeklemmt.

Dann gibt es noch die, die im Lager überwintern. Einer kalten Betonhalle mit dünnem Blechdach, um sie herum Leidensgenossen, die nach moderndem Polster, Motoröl und Chemieklos riechen. Ein halbes Jahr hält die Tristesse, dann geht es urplötzlich und ohne ein Wort der Warnung nach Sardinien, in die Abruzzen oder ins Douro-Tal. Meistens hat das Wohnmobil nicht einmal Zeit, sich warm zu laufen. Eine kurze Fahrt durch die Stadt, vollräumen, ab in den Urlaub. Viele Wohnmobile, die regelmäßig im Winterlager stehen, sind deshalb schizophren. Sie können am schönsten Strand Sardiniens parken – vor ihrem geistigen Scheinwerfer sehen sie nur Beton, endlos und grau.

Und die an der Straße? Die parken mal hier, mal da und werden schon nach wenigen Wochen völlig orientierungslos. Sie sind immer im Weg. Selbst wenn das Fensterpaket Adventure Plus eingebaut ist, versperren sie allen die Sicht. Manchmal werden sie von Lieferwagen touchiert. Ihre Spiegel brechen ab, und Narben werden in die aufwendig zweimal grundierte und dann mit Effektlackierungen versehene Seite gekratzt. Sicher, das trägt zum Abenteuer-Look bei und bringt auf Fernreisen Street Credibility. Aber auf

Dauer setzen dem Wohnmobil Leute, die sich mal kurz anlehnen und verschnaufen wollen, die Rempler vorn und hinten und die Typen, die an seine Seite pinkeln, sehr zu.

Die Folge ist meist ein Standschaden. Dass die Reifen platt sind, ist nicht schuld des porösen Gummis. Sie sind ein Signal der Wohnmobile: bis hierhin und nicht weiter.

Zeitverschiebung

Die Zeitverschiebung spielt gern Schach. Kann sein, dass das an den Zeitzonen liegt. Wann immer sie die Zeit findet, denkt sie Partien in Ruhe zu Ende oder geht die Eröffnung von Carlsen noch mal durch. Sie hat Kasparow schon durchschaut und findet Bobby Fischer billig.

Die Zeitverschiebung ist schon seit der Erfindung des Schachspiels dabei. Sie war ein Early Adopter und hat ein paar Regeländerungen vorgeschlagen wie den Doppelschritt des Bauern zur Eröffnung. Nachdem sich das Schachspiel in allen Zeitzonen durchgesetzt hatte, hat die Zeitverschiebung mit Russen, Chinesen, Deutschen, Amis und Schweden gespielt. Die Russen, da kamen ein paar sehr originelle Eröffnungen. Die Deutschen waren eher bemüht. Die Amis waren billig.

In den achtziger Jahren aber verlor die Zeitverschiebung mehr und mehr das Interesse am Schachspiel. Grund dafür war eine Partie mit Deep Blue.

Deep Blue fragte nicht nach Revanche. Der Computer hatte errechnet, dass er gegen die Zeitverschiebung keine Chance haben würde.

Durch die Begegnung mit Deep Blue kam die Zeitverschiebung zu ihrem neuen Hobby: künstliche Intelligenz. Sie bestand den Turing-Test mit fliegenden Fahnen, aber die anderen KIs, Alexa, Google und IBMs Watson, erinnerten die Zeitverschiebung an Bobby Fischer.

Auf ihrer Suche nach den tiefer liegenden Ursachen traf die Zeitverschiebung im Silicon Valley einen Quantencomputer. Der konnte ihr ein paar Dinge zum Thema Logik erzählen, die die Zeitverschiebung in ihrem kleinen braunen Notizbuch festhielt. Sie tat das allerdings nur, um den Quantencomputer nicht zu entmutigen. Die Zeitverschiebung konnte ein Gähnen gerade noch unterdrücken. Sicher, der Quantencomputer war besser als all das, was die Zeitverschiebung bisher getroffen hatte. Aber das war auch nicht besonders schwer.

Die Zeitverschiebung plauderte mit dem Meridian in Greenwich über den Besuch im Valley und

besichtigte danach die Naval Academy. Sie schaute bei der Cäsium-Atomuhr im Bureau International des Poids et Mesures in Paris vorbei. Sowohl der Meridian als auch die Uhr waren alte Freunde und hielten ebenfalls nicht viel von künstlicher Intelligenz, was die Zeitverschiebung ein wenig beruhigte.

Guten Mutes beschloss die Zeitverschiebung, es mal bei beim ITER-Fusionsreaktor in Südfrankreich zu probieren. Aber der konnte nicht mal Schach spielen.

Zoll

GOODS TO DECLARE

Kofferband sieben!

Der Typ in dem braunen Parka. Mit der Rolex.

Der kommt aus Tirana …

Darum geht es doch nicht.

Nein.

Um den Typ im braunen Parka.

Er kommt aus Tirana, und …

Was gibt es in Tirana billig?

Ich gebe Ihnen einen Tipp: Sie rauchen …

Zigaretten! Kosten 1,50 in Tirana.

NOTHING TO DECLARE

Was ist mit Kofferband sieben?

Was soll mit dem sein?

Kommen die anderen an sieben auch.

Ach nein?

Sondern?

Ich sehe ihn.

So weit waren wir schon.

Wodka-O?

Räucherstäbchen?

Und hier?

Was heißt ›Und hier‹?

Das ist doch egal.

Also, die Kippen kosten 1,50 und …

Was ich sagen wollte: Der Typ im braunen Parka
hat den Koffer voll mit Kippen.

Wetten?

Was haben Sie denn anzubieten?

Oder?

Was sonst noch?

Ich hätte sechs Kilogramm Koks und mehr als genug
Gras für einen Monat. Schusswaffe dazu?

Wie dann nicht?

Ich habe schon zwei Tresen.

Sie wollen mit mir um die Ehre wetten?

Na, was kosten sie hier?

Finde ich nicht.

Hier auch?

Das ist eine Unterstellung.

Um wie viel?

Wie wäre es mit einem kaum gebrauchten Tresen?

Was oder?

Mehr steht hier drüben nicht.

Dann nicht.

Wetten?

Um die Ehre?

Sehen Sie sich doch mal an.

Das meine ich nicht.

Wieso sollte ich neidisch sein?

Ich habe letzte Woche einen Mafiaboss hochgenommen.

Cosa Nostra. Ganz hohes Tier.

Was?

Mit Ihnen.

Warum denn nicht?

Der Typ im braunen Parka ... Er kommt!

Darum geht es doch nicht.

Der geht bei Ihnen durch!

Warum denn nicht?

Schönes Grün, oder?

Neidisch?

Na, hier bei mir ist Verkehr. Bei Ihnen dagegen ...

Was Sie nicht sagen.

Und wegen dem wollen Sie nicht um die Ehre wetten?

Na, die Ehre. Sie wollten doch nicht wetten.

Sonst aber schon?

War nur eine Frage.

Der will nach Hause. Würden Sie Ihre Nächte hier verbringen, wenn Sie nicht müssten? An einem Flughafen?

Ach nicht?

Wahrscheinlich hat er ›Nothing to Declare‹.

MIX
Papier aus verantwortungsvollen Quellen
FSC® C084698

Deutsche Originalausgabe

Ein Unternehmen der Média-Participations

Projektleitung: Hans Peter Buohler, Knesebeck Verlag
Lektorat: Werner Irro, Hamburg
Umschlaggestaltung: Fabian Arnet, Knesebeck Verlag
Satz: Akademischer Verlagsservice Gunnar Musan, Neumünster
Herstellung: Arnold & Domnick, Leipzig
Druck: PNB Print Ltd., Riga
Printed in Latvia

ISBN 978-3-95728-671-0

www.knesebeck-verlag.de